日本大学法学部叢書 第50巻

スポーツにおけるインテグリティ教育の研究
――競技力向上とアンチ・ドーピング教育に関する日英の比較を中心に――

田 邉 陽 子 著

風 間 書 房

目　　次

第1章　序論 1
1-1. 研究の背景 1
1-1-1. ドーピングの歴史と変遷 2
1-1-2. アンチ・ドーピング教育活動 3
1-1-3. 2021年版改定の世界アンチ・ドーピング規程（Code）国際基準 4
1-1-4. 柔道と教育的思想 5
1-1-5. ユースオリンピック競技大会における文化教育プログラム 6
1-2. 研究目的 8

第2章　本研究の構成 9

第3章　第1回ユースオリンピック競技大会における
　　　　　日本代表アスリートの特性 11
3-1. 緒言 11
3-2. 対象と方法 12
3-2-1. 対象 12
3-2-2. 調査方法 12
3-3. 結果 14
3-4. 考察 24
3-5. 結論 27

第4章　日本とイギリスの柔道競技国内大会経験者における
　　　　　アンチ・ドーピングに関する意識調査 29
4-1. 緒言 29

- 4-2. 対象と方法 ... 32
  - 4-2-1. 対象 ... 32
  - 4-2-2. 調査方法 ... 32
  - 4-2-3. 統計解析 ... 33
- 4-3. 結果 ... 33
- 4-4. 考察 ... 43
- 4-5. 結論 ... 47

第5章　日本とイギリスの柔道アスリートにおける　アンチ・ドーピングに関する意識調査 ... 49

- 5-1. 緒言 ... 49
- 5-2. 対象と方法 ... 50
  - 5-2-1. 対象 ... 50
  - 5-2-2. 調査方法 ... 50
  - 5-2-3. 統計解析 ... 51
- 5-3. 結果 ... 52
- 5-4. 考察 ... 69
- 5-5. 結論 ... 73

第6章　日本とイギリスの柔道コーチにおける　アンチ・ドーピングに関する意識調査 ... 75

- 6-1. 緒言 ... 75
- 6-2. 対象と方法 ... 76
  - 6-2-1. 対象 ... 76
  - 6-2-2. 調査方法 ... 77
  - 6-2-3. 統計解析 ... 78
- 6-3. 結果 ... 78

6-4. 考察 ……………………………………………………………………………… 89
6-5. 結論 ……………………………………………………………………………… 93

第7章　総括討論 …………………………………………………………………… 95
7-1. 本研究の目的 …………………………………………………………………… 95
7-2. 本研究で得られた成果 ………………………………………………………… 95
　7-2-1. 研究課題1：第1回ユースオリンピック競技大会における
　　　　　日本代表アスリートの特性 ……………………………………………… 95
　7-2-2. 研究課題2：日本とイギリスの柔道競技国内大会経験者における
　　　　　アンチ・ドーピングに関する意識調査 ………………………………… 97
　7-2-3. 研究課題3：日本とイギリスの柔道アスリートにおける
　　　　　アンチ・ドーピングに関する意識調査 ………………………………… 97
　7-2-4. 研究課題4：日本とイギリスの柔道コーチにおける
　　　　　アンチ・ドーピングに関する意識調査 ………………………………… 99
7-3. 本研究で得られた成果の意義および今後の課題 ……………………………101

第8章　結語 …………………………………………………………………………105

引用文献 …………………………………………………………………………………107
初出一覧 …………………………………………………………………………………111
あとがき …………………………………………………………………………………113

第1章　序論

1-1. 研究の背景

　現代のスポーツ界において，ドーピングという深刻な問題が存在している。2016年リオデジャネイロオリンピック競技大会におけるロシア代表参加問題においては，組織的なドーピングとの関係が取り上げられ，個人資格での条件による参加であった。スポーツの未来のために我が国及び世界各国におけるインテグリティ教育に関する取り組みは，大きな変革期を迎えている。

　我が国においては，初のスポーツにおけるドーピング防止活動の推進に関する法律が2018年10月1日から施行された。スポーツにおける公正性・スポーツを行う者の心身の健康の保持増進の確保や公平さの確保など，アンチ・ドーピングに関する社会一般への教育や啓発活動の推進も明示されクリーンなスポーツに対するグローバルな体制が整備されるなど新たな取り組みが行われている。

　2019年ラグビーワールドカップ大会，2020年東京オリンピック・パラリンピック競技大会が開催され，これまで以上にスポーツに関心が高まっている。特に次世代を担う子供たちの関心は大きく，スポーツを通したインテグリティ教育にも重点が置かれている。また同時にメダルや勝敗への期待も高まっている。スポーツにおいてフェアに戦うことは当然のことであるが，ドーピングなどにより現在のスポーツは，フェアであることが揺ぐ場合がある。

　スポーツのインテグリティを思考する教育のひとつとしてアンチ・ドーピング教育がある。アンチ・ドーピング活動における世界統一のルールである

世界アンチ・ドーピング規程の基本原理において,「アンチ・ドーピング・プログラムは,世界に対し,規則,他の競技者,公正な競争,公平な競技の実施,及びクリーンなスポーツの価値を尊重することにより,スポーツのインテグリティを維持することを求めている」(World Anti-Doping Agency, 2021)。このようにアンチ・ドーピング教育は今や世界規模で,スポーツの価値を保護し向上させるための活動の取組に発展してきている。

1-1-1. ドーピングの歴史と変遷

ドーピングの語源は,アフリカ東南部に住むカフィール族が祭礼や戦いのときに飲んでいた強い酒"ドップ: dop"から来たものと言われている。川原によると"一般的な意味としては,ドーピングとは競技能力を高めるために薬物などを使用すること"と位置づけている(日本アンチ・ドーピング機構, 2007)。スポーツ大会におけるドーピング行為は1865年でのアムステルダムでの水泳大会で興奮剤の使用が最も古いといわれている。また1886年には,興奮剤を過剰に摂取しボルドー〜パリ600km自転車レースに於ける死亡例が初めて確認された。オリンピック競技大会におけるドーピングの事例では,1960年のローマ夏季大会でデンマークの自転車競技選手が興奮剤使用によるレース中での死亡事故が発生した。選手の健康を守る観点から,国際オリンピック委員会(International Olympic Committee: IOC)は1962年にモスクワで開催された総会でドーピングに反対する決議を採択し,アンチ・ドーピング活動を正式にスタートし,1968年のグルノーブル冬季オリンピック大会とメキシコ夏季オリンピック大会からドーピング検査が実施されるようになった(全国体育系大学学長・学部長会, 1997)。こうした歴史のなかで現在においてもオリンピック競技大会等の主要競技大会での,アンチ・ドーピング規則違反が後を絶たない現状を考えれば,ドーピング検査での取り締まりだけでは十分ではなく,スポーツの多様な価値を学ぶアンチ・ドーピング教育をスポーツに関わるすべての人に行われるべきであると考える。

1-1-2. アンチ・ドーピング教育活動

　アンチ・ドーピング活動を推進・統括する独立した国際組織として，1999年に世界アンチ・ドーピング機構（World Anti-Doping Agency: WADA）が設立され，日本国内では2001年に日本アンチ・ドーピング機構（Japan Anti-doping Agency: JADA）が設立された。アンチ・ドーピング教育は今や世界規模で，スポーツの価値を保護し向上させるための活動の取組に発展してきている。WADA設立以降2003年にはWADAによる世界アンチ・ドーピング規程（World Anti-Doping Code: WADA code）が制定され，その後2009年に改定された時には，教育の重要性が明確に謳われるようになった。2015年の3回目の改定では，それまで通称「WADA code」とされてきた世界アンチ・ドーピング規程が，世界の統一した規程の位置づけとして意識づけられ「Code」とされた。2015 Codeには，ドーピングのないスポーツのための情報及び教育プログラムに関する基本原則として，"スポーツの精神がドーピングによって損なわれることから守ることである"と位置づけている。さらには，情報提供プログラムと教育プログラムを明確に区別している。前者についての情報提供プログラムは競技者にルールに基づく，基本的な情報を提供することに重点が置かれ短期的にアスリートが行動に移すことを狙いとしている。後者の教育プログラムにおいては，「スポーツの価値」「スポーツの精神」を学ぶことをアスリート及びサポートスタッフに対して実施し，長期的にアスリート及びサポートスタッフの行動や言動に良い影響を与えることが求められている。さらに国連教育科学文化機関（UNESCO）は2006年にスポーツにおけるアンチ・ドーピングに関する国際規約（International Convention against Doping in Sport）を政府間合意として採択し，"スポーツからドーピングを撲滅し，スポーツの価値を促進する教育プログラムに貢献する"（UNESCO and WADA, 2006）。として最も重要で有効な手段が教育であると位置づけている。

1-1-3. 2021年版改定の世界アンチ・ドーピング規程（Code）国際基準

　世界アンチ・ドーピング機構（WADA）は，2003年に世界アンチ・ドーピング規程をはじめて制定し，ドーピング検査，禁止物質，治療使用特例（Therapeutic Use Exemption: TUE）などの各分野の内容を具体的に規定した。その後2009年の改訂，2015年の改訂が行われた。現在の最新版は，2021年版の世界アンチ・ドーピング規程であり，新規制定の教育と結果管理を含んだ８つの国際基準が発効された（World Anti-Doping Agency, 2021）。

　８つの国際基準は，以下のとおりである。

①署名当事者の規程遵守：International Standard for Code Compliance by Signatories（ISCCS）
②教育（新規制定）：International Standard for Education（ISE）
③分析機関：International Standard for Laboratories（ISL）
④禁止表：International Standard for the Prohibited List（ISPL）
⑤プライバシー及び個人情報保護：International Standard for the Protection of Privacy and Personal Information（ISPPPI）
⑥結果管理（新規制定）：International Standard for Results Management（ISRM）
⑦検査及びドーピング調査：International Standard for Testing and Investigations（ISTI）
⑧治療使用特例：International Standard for Therapeutic Use Exemptions（ISTUE）

アンチ・ドーピングに関する教育の国際基準2009年版と2015年版での世界アンチ・ドーピング規程においては，"スポーツの価値の教育"，"アンチ・ドーピング規則の関する情報提供"の２点が義務化されていた。

2021年版改定の教育（新規制定）：International Standard for Education (ISE) の，主な内容として，"クリーンでフェアなスポーツに参加するための環境の重要性"，"教育，情報，予防，価値教育の定義と倫理的背景"，"各ステークホルダーの役割と責務"，"各ステークホルダー間の連携強化"，"教育プログラムの計画，施行，モニタリング，評価"，について明文化された。

2021年版の世界アンチ・ドーピング規定の基本原理においては，"アンチ・ドーピング・プログラムは世界に対し，規則，他の競争者，公正な競争，公平な競技の実施，及びクリーンなスポーツの価値を尊重することにより，スポーツのインテグリティを維持することを求めている。"と示されている (World Anti-Doping Agency, 2021)。

スポーツのインテグリティを思考する教育のひとつとしてアンチ・ドーピング教育は，スポーツの価値や倫理観をアスリート及びサポートスタッフに対して教育し，行動や言動に良い影響を与えることが求められている。

1-1-4. 柔道と教育的思想

スポーツを通した人間の教育を重視した嘉納治五郎は，明治15年（1882年）柔道を創始した。現在の国際柔道連盟（IJF）の加盟国は約200以上の国と地域に普及している (International Judo Federation, 2015)。嘉納治五郎は，"柔道を人間教育に資する心身修養の文化として認め，その目的を練体法，勝負法，勇気，忍耐などの特性をのばし，智力を練る修心法，さらには「精力善用」「自他共栄」の原理の実生活への応用"と説いている（大滝，1984）。また"一人の徳教，広く万人に加わり，一世の化育遠く百世に及ぶ"と読んだことからも柔道を通した教育的な思想も重視していた。また嘉納は柔道に求めるものとして，一つの術ではなく，一つの道として教えるようにした。攻撃・防御の方法，身体鍛錬の方法，精神修養の方法，などその他いろいろのことにわたって指導すべきであると信じ指導していた（講道館，2005）。このように，嘉納による柔道修行の究極の目的は「柔道は心身の力を最も有効

に使用する道である。その修行は攻撃防御の練習によって身体精神を鍛錬修養し斯道の神髄を体得することである。そしてこれによって己を完成し世を補益するのが柔道修行の究極の目的である」と説明している（講道館, 2001）。

柔道の根本原理は人間形成の道であり，嘉納師範が柔道修行の過程で求めたものとして精神修養，教育的観点，などがあげられる。柔道稽古では，体を鍛え精神を修養し社会に貢献できる人間教育にも重点をおきながら柔道を通した教育活動が行われていた。

スポーツを通した人間の教育を重視したのは，嘉納だけではなく近代オリンピックの創始者ピエール・ド・クーベルタンの理念も同様であった。第1回近代オリンピック競技大会が1896年アテネで開催され，ピエール・ド・クーベルタンは"オリンピックの制度を現代に復活させることでスポーツによる教育改革を世界に広め，同時に世界の平和に貢献すること"（日本オリンピックアカデミー, 2008）と述べ，この理念がオリンピズムと呼ばれオリンピックの基本的な理念とされている。オリンピズムはスポーツを文化，教育と融合させ，生き方の創造を探究するものである（International Olympic Committee, 2018）。第1回近代オリンピック競技大会が開催されてから一世紀以上の年月が経過した今でもオリンピック競技大会は，時代が変化する中においても社会に受け入れられ続けている。

柔道の創始者である嘉納治五郎や近代オリンピックの創始者ピエール・ド・クーベルタンに共通している要因として，スポーツに文化や教育思想を取り入れ，スポーツを通した人間の教育を重視して，スポーツを人類の貴重な財産としていた点である。

1-1-5. ユースオリンピック競技大会における文化教育プログラム

IOCジャック・ロゲ（Jacques Rogge）前会長は，若い世代のスポーツと教育・文化を融合させたユース世代のオリンピック競技大会として世界で初めて2010年にシンガポールで第1回ユースオリンピック競技大会を行った。冬

季大会は，2012年にインスブルックにて第1回ユースオリンピック冬季競技大会が行われ，2014年には南京で第2回ユースオリンピック競技大会が開かれた。このようにオリンピック競技大会同様に夏季と冬季で交互に4年ごと1回開催されている。第1回大会においては，競技以外に行われているオリンピック教育や文化交流などを重視した文化・教育プログラム（Culture and Education Programme: CEP）であり，参加する全てのコーチ・アスリートが大会期間中，全日程をとおしてアスリート村に滞在し，用意された50種類以上のCEPに参加する点である。CEPは，5つの主なテーマにそって行われている。"①オリンピズム—現代に至るオリンピック競技大会の起源，哲学，構造，進化をたどる。②スキル開発—自己開発，人生における過渡期の管理を含め，プロのアスリートのキャリアにおける様々な面を考察する。③幸福で健康なライフスタイル—健康的な食事およびスポーツにおけるアンチ・ドーピングを含む健康なライフスタイルを推進する。④社会的な責任—自分自身のコミュニティにおける責任あるメンバーとして役割に対する認識を向上させ，環境および持続可能な開発への貢献を通じ，責任ある地球市民となるためにアスリートがすべきことを考察する。⑤表現—デジタルメディアの採用，およびユースオリンピック競技大会のアスリート村（Youth Olympic Village: YOV）で行われるイブニングフェスティバルへの参加を通じ，学習および交流を深める"（日本オリンピック委員会, 2010）。IOC前会長であるジャック・ロゲはCEPを，"五輪の価値観に共感できるような場を提供すること，アスリートたちが社会に対する責任について考えたり，健康的な生き方を送るためのスポーツの効用を学んだりする好機"（読売新聞, 2010）と述べ，CEPによるユース世代におけるスポーツやオリンピックの持つ教育的価値を言及している。

　このような世界的なスポーツイベントにおいても，アスリートに直接スポーツと教育を行う機会としての新しい試みが2010年から始まっている。近代オリンピックの創始者ピエール・ド・クーベルタンや，柔道の創始者であ

る嘉納治五郎らの求めた，スポーツを人類の貴重な財産として次世代に残していくためには，その一つの要素であるスポーツの価値を共有することである。しかし残念ながら現在のスポーツは，ドーピングという行為によりフェアであることが揺らいでおりスポーツのインテグリティが脅かされている側面がある。スポーツのインテグリティについて思考する教育としてアンチ・ドーピング教育があることから，本研究はアンチ・ドーピングを指標として研究を行った。

1-2. 研究目的

本研究では，スポーツのインテグリティを思考する教育活動としてのアンチ・ドーピング教育を取り上げ，ユースアスリート，柔道競技国内大会経験者における意識の比較，柔道アスリート，柔道コーチを対象に日本とイギリスにおけるアンチ・ドーピングに関する意識調査を行い，柔道アスリート及び柔道サポートスタッフの行動や言動に良い影響を与えるための知見を提供することを目的とする。

第 2 章　本研究の構成

　本論文は，第 3 章 第 1 回ユースオリンピック競技大会における日本代表アスリートの特性，第 4 章 日本とイギリスの柔道競技国内大会経験者におけるアンチ・ドーピングに関する意識調査，第 5 章 日本とイギリスの柔道アスリートにおけるアンチ・ドーピングに関する意識調査，第 6 章 日本とイギリスの柔道コーチにおけるアンチ・ドーピングに関する意識調査，の 4 つの研究課題と第 7 章 総括討論から構成されている。各章の概略は以下の通りである。

第 3 章　第 1 回ユースオリンピック競技大会における日本代表アスリートの特性（研究課題 1）
　世界で初めて開催された第 1 回ユースオリンピック競技大会に参加した日本代表チームのアスリートの特性を明らかにし，ジュニア期におけるスポーツがアスリートに与える教育的な要因を検討する。

第 4 章　日本とイギリスの柔道競技国内大会経験者におけるアンチ・ドーピングに関する意識調査（研究課題 2）
　国別のアンチ・ドーピングに関する意識の比較として，スポーツを柔道競技に絞り，日本とイギリスにおける柔道競技国内大会経験者を対象にアンチ・ドーピングに関する意識について調査し検討する。

第 5 章　日本とイギリスの柔道アスリートにおけるアンチ・ドーピングに関する意識調査（研究課題 3）
　日本古来の武道として世界に発展した柔道を学び文化背景が異なるイギリ

スと日本の柔道アスリートを対象にアンチ・ドーピングに関する意識について調査し検討する。

第6章　日本とイギリスの柔道コーチにおけるアンチ・ドーピングに関する意識調査（研究課題4）

　柔道競技は，アンチ・ドーピングのもとスポーツにおけるフェアプレーの精神と，西洋発祥のスポーツとは文化的文脈は異なるが我が国の「順道制勝」につながるところがある。そこで，柔道競技を指導する日本とイギリスのコーチのアンチ・ドーピングに関する認識や理解度及び問題点を明らかにする。

第7章　総括討論

　各章で得られた結果に基づき，スポーツのインテグリティを思考する教育活動としてのアンチ・ドーピング教育を取り上げ，ユースアスリート，柔道競技国内大会経験者，柔道アスリート，柔道コーチにおける日本とイギリスにおけるアンチ・ドーピングに関する意識を中心に議論する。
　以上の研究課題を明らかにすることで，柔道アスリート及び柔道サポートスタッフの行動や言動に良い影響を与えるための見解を提案できるものと考える。

第3章　第1回ユースオリンピック競技大会における日本代表アスリートの特性

3-1. 緒言

　世界で初めて開催された第1回ユースオリンピック競技大会（Youth Olympic Games: YOG）は2010年8月14日から26日にシンガポールにて行われた。14歳から18歳までの3,600名ものアスリートが世界中から集まり26競技に参加した。

　オリンピック・ムーブメントの目的は，オリンピズムとその価値に応じて実施し，スポーツを通じて青少年を教育することによって，平和でよりよい世界の構築に貢献することである（International Olympic Committee, 2011）。YOGは，世界の若者にスポーツと教育・文化を融合させ，卓越・友情・信頼というオリンピック競技大会の意義を実感させることを目的とした大会である。また，大会期間中に行われる文化教育プログラム（CEP）は，様々な文化活動を統合しオリンピック競技大会の意義を学び，アスリートを真のチャンピオンへと導きだすことを目的としている。

　日本の古来の武道教育においても，明治15年に嘉納治五郎によって創始された柔道は単なる技術の習得だけではなく，体育，勝負，修心の3つを目的とした教育として生まれ，柔道を通した人間形成にも重点を置いている点においては，スポーツや武道を通したいずれの教育の部分でも共通している。

　本研究は，世界で初めて開催されたYOGに参加した日本代表チームのアスリートの特性を明らかにし，ジュニア期におけるスポーツがアスリートに与える教育的な要因を明らかにすることを目的とした。次にあげた7項目を

中心にアスリートの特性について調査を行った。「スポーツへの参入年齢や性質，アスリートの競技スポーツ参加の契機」，「競技へのモチベーションと競技参加から得られる満足感の要因」，「スポーツで得られるポジティブなアウトカム」，「ロールモデルの存在と影響力」，「ジュニアエリートレベル競技者が競技生活を送ることで犠牲としている要素」，「アンチ・ドーピング教育プログラムを構成する重要な基本要素」，「YOG参加の意義」。

3-2. 対象と方法

3-2-1. 対象

第1回YOGに参加した日本代表の57名のアスリート（男子23名，女子34名）を対象とした。ただしYOGに参加した女子バレーボールチームは，国内大会スケジュールの関係から全日本ジュニアナショナルチームを派遣することができなかったため本調査対象から除外した。

3-2-2. 調査方法

アンケート調査は，YOGの大会前アンケート（Pre Questionnaire）と大会後アンケート（Post Questionnaire）を行った。結団式から解団式終了までは全アスリートが同じ旅行日程にて行われたため，Pre Questionnaireは日本を出発するバス車内にて行い，その場で回答を回収した。Post Questionnaireは，YOGのアスリート村にて大会後に行い回収した。調査内容は選択肢を用いた形式と記述形式で行い無記名とした。本研究では，調査紙の中から関連する質問項目のみについて解析を行い，検討を行った。Pre Questionnaireの質問は現在の年齢，性別，競技といった基礎項目と，「スポーツへの参入年齢や性質，アスリートの競技スポーツ参加の契機」，「競技へのモチベーションと競技参加から得られる満足感の要因」，「スポーツで得られるポジ

ティブなアウトカム」,「ロールモデルの存在と影響力」,「ジュニアエリートレベル競技者が競技生活を送ることで犠牲としている要素」,「アンチ・ドーピング教育プログラムを構成する重要な基本要素」,「YOG参加の意義」項目に関して行った。Pre Questionnaireの質問は基礎項目と「YOG参加の意

Table 3-1. The seven stages of Long-Term Athlete Development

Stage	Stage Titles	Age	Males	Females	Features
Stage 1	Active Start	Chronological Age	0-6.	0-6.	① Focus on learning proper movement skills such as running, jumping, wheeling, twisting, kicking, throwing and catching. ② Active movement environment combined with well-structured gymnastics and swimming programs.
Stage 2	Fundamentals	Chronological Age	6-9.	6-8.	① ABC's of athleticism: agility, balance, coordination and speed. ② ABC's of Athletics: running, jumping, wheeling and throwing.
Stage 3	Learning to Train	Chronological/ Developmental Age	9-12.	8-11.	① Introduction to mental preparation. ② Integrated mental, cognitive and emotional development.
Stage 4	Training to Train	Chronological/ Developmental Age	12-16.	11-15.	① Major fitness development stage: aerobic and strength. ② The onset of Peak Height Velocity (PHV) and PHV are the reference points. ③ Peak Strength Velocity (PSV) comes a year or so after PHV (at the age of 13). ④ Develop mental preparation.
Stage 5	Training to Compete	Chronological/ Developmental Age	16-23+/-	15-21+/-	① Advanced mental preparation. ② Sport, event, position-specific physical conditioning. ③ Sport, event, position-specific tactical preparation.
Stage 6	Training to Win	Chronological Age	19+/-	18+/-	① Maintenance or improvement of physical capacities. ② Further development of technical, tactical and playing skills.
Stage 7	Active for Life	Enter at any Age			① Move from highly competitive sport to lifelong competitive sport through age group competition. ② Minimum of 60 minutes moderate daily activity or 30 minutes of intense activity for adults.

Long-Term Athlete Development, Canadian Sport for Life center, Resource Paper v2

義」項目に関して行った。

　アスリートがスポーツを開始した年齢カテゴリにおいては，身体的，精神的，感情的な発育発達を指標としたLong term athlete development（LTAD）のステージ（Canadian Sport Centres, 2010）を用いた（Table 3-1）。

　アンチ・ドーピング教育プログラムを構成する重要な基本要素に関しては，世界アンチ・ドーピング規程（World Anti-Doping Agency, 2009）からアンチ・ドーピング教育セッションで重要であると認識される以下の4つの主要な類型とした。「パフォーマンスへのドーピングの影響において」，「違反の制裁措置」，「専門的な知識」，「倫理と健康に関すること」。

　アンケート調査は，男子群と女子群にて解析を行った。全ての統計解析には，SPSS 17.0 for Windowsを用い，カイ2乗（χ^2）検定を行った。有意水準は5％とした。本アンケート調査は，早稲田大学「人を対象とする研究倫理審査」にて承認されている。

3-3. 結果

　アンケートを行った第1回YOGに参加した日本代表の57名のアスリートの特性は以下のとおりであった。

　男子23名であり，年齢は16.74±0.75歳であった。女子34名であり，年齢は16.26±1.11歳であった。

　競技別では，男子11競技に参加しその内訳は，Athletics：8名（34.8%），Aquatics：4名（17.4%），Archery：1名（4.3%），Badminton：1名（4.3%），Cycling：2名（8.7%），Gymnastics：2名（8.7%），Judo：1名（4.3%），Sailing：1名（4.3%），Tennis：1名（4.3%），Triathlon：1名（4.3%），Wrestling：1名（4.3%）であった。女子15競技に参加しその内訳は，Athletics：7名（20.6%），Aquatics：4名（11.8%），Archery：1名（2.9%），Badminton：2名（5.9%），Basketball：4名（11.8%），Cycling：1名（2.2%），

Gymnastics：6名（17.6%），Judo：1名（2.2%），Rowing：1名（2.2%），Sailing：1名（2.2%），Table tennis：1名（2.2%），Tennis：2名（4.3%），Triathlon：1名（2.2%），Wrestling：1名（2.2%），Weightlifting：1名（2.2%）であった（Table 3-2）。

　アスリートがスポーツに関わるようになった経緯の質問（複数回答可）においては，「A）家族がやっていたから」という回答が男子群では9名，女子群では16名であり，両群ともに最も多い回答者数であった。次に「B）家族にすすめられたから」という回答では，男子群では6名，女子群では5名であった。「E）近くに施設やクラブがあったから」という回答では，男子群では5名，女子群では8名であった。全ての項目で男子群と女子群との間

Table 3-2. Categorization of Sports Subjects

	Male n	Male %	Female n	Female %	Total n	Total %
athletics	8	34.8	7	20.6	15	26.3
aquatics	4	17.4	4	11.8	8	14.0
archery	1	4.3	1	2.9	2	3.5
badminton	1	4.3	2	5.9	3	5.3
basketball	0	0.0	4	11.8	4	7.0
cycling	2	8.7	1	2.2	3	4.3
gymnastics	2	8.7	6	17.6	8	11.6
judo	1	4.3	1	2.2	2	2.9
rowing	0	0.0	1	2.2	1	1.8
sailing	1	4.3	1	2.2	2	2.9
table tennis	0	0.0	1	2.2	1	1.4
tennis	1	4.3	2	4.3	3	4.3
triathlon	1	4.3	1	2.2	2	2.9
wrestling	1	4.3	1	2.2	2	2.9
weightlifting	0	0.0	1	2.2	1	1.4
Total	23	100.0	34	100.0	57	100.0

Sports subjects are categorized based on the sport events featured in the Singapore 2010 Youth Olympic Game

Table 3-3. The nature of the route into sport

	Male n	Female n	Total n
A）家族がやっていたから	9	16	25
B）家族にすすめられたから	6	5	11
C）友達にすすめられたから	2	6	8
D）学校やスポーツクラブで始めた	3	3	6
E）近くに施設やクラブがあったから	5	8	13
F）試合観戦で刺激を受けたから	4	5	9
G）その他	0	5	5

Pre Questionnaire 1.-1) What made you start your sports? (Multiple choices allowed)
The mean difference between boy's and girl's responses was not significant

には有意差が認められなかった（Table 3-3）。

　アスリートがスポーツを始めた年齢カテゴリにおいては，身体的，精神的，感情的な発育発達を指標としたLong term athlete development（LTAD）のステージ（Canadian Sport Centres, 2010）を参考にしながらYOGに参加した日本代表アスリートを対象に男女ともに同じ3つの区分に分けた。6歳以下でスポーツを始めたグループ，7歳以上から10歳以下でスポーツを始めたグループ，11歳以上でスポーツを始めた3グループに分けた。

　6歳以下でスポーツを始めたグループはAthletics（Male, Female），Aquatics（Male, Female），Cycling（Male），Gymnastics（Male, Female），Judo（Male, Female），Tennis（Female）であった。7歳以上から10歳以下でスポーツを始めたグループは，Athletics（Male, Female），Aquatics（Male, Female），Archery（Female），Badminton（Male, Female），Basketball（Female），Cycling（Female），Gymnastics（Female），Table tennis（Female），Tennis（Male），Triathlon（Male, Female），Wrestling（Male, Female），Weightlifting（Female）であった。11歳以上でスポーツを始めたグループは，Athletics（Male, Female），Archery（Male），Basketball（Female），Rowing（Female），Sailing（Male, Female）であった（Table 3-4）。

Table 3-4. The age at which participation in their competition sport

categorization of sports	Under 6	form 7-8y	form 9-10y	form 11-12y	form 13-15y	form 16-18y	others	total
athletics (M)	1	1	2	1	3			8
athletics (F)	2	1	1		3			7
aquatics (M)	3	1						4
aquatics (F)	3	1						4
archery (M)					1			1
archery (F)			1					1
badminton (M)		1						1
badminton (F)		1	1					2
basketball (F)		1	2	1				4
cycling (M)	2							2
cycling (F)			1					1
gymnastics (M)	2							2
gymnastics (F)	4	2						6
judo (M)	1							1
judo (F)	1							1
rowing (F)						1		1
sailing (M)				1				1
sailing (F)					1			1
table tennis (F)		1						1
tennis (M)		1						1
tennis (F)	2							2
triathlon (M)		1						1
triathlon (F)			1					1
wrestling (M)			1					1
wrestling (F)		1						1
weightlifting (F)		1						1
	21	14	10	3	8	1		57

Pre Questionnaire 1.-2) When did you start your sports?

アスリートがスポーツを続けている理由についての質問（2回答可）においては，「A）試合に勝つと楽しいから」という回答が男子群では13名，女子群では18名であった。「B）自分のベストを目指すため」という回答が男子群では5名，女子群では14名であった。「C）オリンピックや世界大会に出場したいから」という回答が男子群では16名，女子群では14名であった。「D）進学に有利だから」という回答が男子群では1名，女子群では1名であった。「E）スポーツを通して友達ができたり，色々な人に出会えるから」という回答が男子群では7名，女子群では11名であった。「F）サポートしてくれる人が喜んでくれるから」という回答が男子群では4名，女子群では6名であった。全ての項目で男子群と女子群との間には有意差が認められなかった（Table 3-5）。

アスリートが競技生活で「うれしい」と感じる要因の質問（2回答可）においては，「A）試合の結果が良かったとき」という回答が男子群では19名，女子群では23名であった。両群ともに最も多い回答者数であった。「B）勝ち負けに関係なく，力を出し切ったとき」という回答が男子群では4名，女

Table 3-5. Their motivation for continuing to participate in the sport

	Male n	Female n
A）試合に勝つと楽しいから	13	18
B）自分のベストを目指すため	5	14
C）オリンピックや世界大会に出場したいから	16	14
D）進学に有利だから	1	1
E）スポーツを通して友達ができたり，色々な人に出会えるから	7	11
F）サポートしてくれる人が喜んでくれるから	4	6
G）家族やコーチから続けるように言われたから	0	0
H）その他	0	2
Total	46	66

Pre Questionnaire 1.-3) Why do you continue playing your sport?
The mean difference between boy's and girl's responses was not significant

子群では13名であった。「C）監督，コーチの指示通りのプレイができたとき」という回答が男子群では6名，女子群では3名であった。「D）ライバルに勝ったとき」という回答が男子群では7名，女子群では3名であった。「E）周りの人が喜んでくれたり，ほめられたとき」という回答が男子群では6名，女子群では14名であった。「F）大会等を通して友達ができたり，コミュニケーションがとれたとき」という回答が男子群では1名，女子群では10名であった。

アスリートが競技生活で「うれしい」と感じる要因の質問（2回答可）においては，男子群と女子群との間に有意差が認められたのはD）とF）の質問のみであり，これ以外の質問では有意差が認められなかった（Table 3-6）。

スポーツのどんなところが自分にとってプラスになっているかの質問（2回答可）においては，「A）自分自身が成長でき，我慢強くなれたとき」という回答が男子群では17名，女子群では28名であった。両群ともに最も多い回答者数であった。「B）友達ができたり，いろいろな場所にいけること」という回答が男子群では12名，女子群では24名であった。「C）礼儀が身につくこと」という回答が男子群では13名，女子群では11名であった。「D）家

Table 3-6. The types of satisfaction gained from participation

	Male n	Female n	
A）試合の結果が良かったとき	19	23	
B）勝ち負けに関係なく，力を出し切ったとき	4	13	
C）監督，コーチの指示通りのプレイができたとき	6	3	
D）ライバルに勝ったとき	7	3	*
E）周りの人が喜んでくれたり，ほめられたとき	6	14	
F）大会等を通して友達ができたり，コミュニケーションがとれたとき	1	10	*
G）その他	0	0	
Total	43	66	

Pre Questionnaire 1.-4) What makes you feel good about yourself as being an athletes?
$n=66$　*$p<.05$

族と共通の話題ができること」という回答が男子群では0名，女子群では1名であった。「E）周囲の人に褒められたり，女の子／男の子にもてる」という回答が男子群では1名，女子群では0名であった。「F）かっこよくなれる」という回答が男子群では2名，女子群では0名であった。全ての項目で男子群と女子群との間には有意差が認められなかった（Table 3-7）。

目標とするアスリートの有無についての質問では，Yesという回答が男子群では22名，女子群では30名であった。Noという回答が男子群では1名，女子群では3名であった。男子群と女子群との間には有意差が認められなかった（Table 3-8）。

Table 3-7. The type of positive outcome experienced from participation in the sport

	Male n	Female n
A）自分自身が成長でき，我慢強くなれたとき	17	28
B）友達ができたり，いろいろな場所にいけること	12	24
C）礼儀が身につくこと	13	11
D）家族と共通の話題ができること	0	1
E）周囲の人に褒められたり，女の子／男の子にもてる	1	0
F）かっこよくなれる	2	0
G）その他	0	1
Total	45	65

Pre Questionnaire 1.-5) What are the posotive things about playing your sports?
The mean difference between boy's and girl's responses was not significant

Table 3-8. The existence of role modeles

	Male n	Female n	Total n	%
Yes	22	30	52	92.9
No	1	3	4	71.0
Total	23	33	56	100.0

Pre Questionnaire 2.-2) Do you have a role model athlete?
The mean difference between boy's and girl's responses was not significant

競技生活において誰の影響を一番強く受けているかの質問（複数回答不可）においては，「A）家族」という回答が男子群では4名，女子群では5名であった。「B）監督，コーチ」という回答が男子群では6名，女子群では9名であった。「C）サポートスタッフ（医師，トレーナー）」という回答が男子群では0名，女子群では1名であった。「D）友達」という回答が男子群では0名，女子群では5名であった。「E）ライバルのアスリート」という回答が男子群では4名，女子群では6名であった。「F）憧れのアスリート・目標とするアスリート」という回答が男子群では8名，女子群では6名であった。全ての項目で男子群と女子群との間には有意差が認められなかった（Table 3-9）。

アスリートが競技をするために我慢していることの有無についての質問においては，Yesという回答が男子群では21名，女子群では30名であった。Noという回答が男子群では2名，女子群では3名であった。両群との間には有意差が認められなかった（Table 3-10）。

Table 3-9. Their influence when they are playing their sport

	Male n	Female n	Total n	%
A）家族	4	5	9	15.8
B）監督，コーチ	6	9	15	26.3
C）サポートスタッフ（医師，トレーナー）	0	1	1	1.8
D）友達	0	5	5	8.8
E）ライバルのアスリート	4	6	10	17.5
F）憧れのアスリート・目標とするアスリート	8	6	14	24.6
G）アニメやテレビのキャラクター	0	0	0	0.0
H）その他	1	2	3	5.3
Total	23	34	57	100.0

Pre Questionnaire 2.-1) Who influences you the most when you are playing your sport? (only one)
The mean difference between boy's and girl's responses was not significant

Table 3-10. The nature of sacrifices made to be able to compete at the junior elite level

	Male n	Female n	Total n	%
Yes	21	30	51	89.5
No	2	3	5	8.8
N/A	0	1	1	1.8
Total	23	34	57	100.0

Pre Questionnaire 2.-3) Do you have anything to cut down in your life to become an athlete?
The mean difference between boy's and girl's responses was not significant

　アスリートが競技をするために我慢していることの要素についての質問（2回答可）においては，「A）食事」という回答が男子群では6名，女子群では10名であった。「B）友達と遊ぶ時間」という回答が男子群では16名，女子群では20名であった。両群ともに最も多い回答者数であった。「C）髪型，アクセサリー，おしゃれ，その他やりたいことなど」という回答が男子群では6名，女子群では6名であった。「D）勉強する時間」という回答が男子群では1名，女子群では2名であった。「E）家族と過ごす時間」という回答が男子群では3名，女子群では9名であった。「F）学校への出席」という回答が男子群では3名，女子群では2名であった。全ての項目で男子群と女子群との間には有意差が認められなかった（Table 3-11）。

　YOGに派遣されるすべての日本代表アスリートはアンチ・ドーピング教育プログラムを受講していたため，印象に残っている内容を記述形式で回答してもらい，その内容を4類型に分類した。「パフォーマンスへのドーピングの影響について」の回答が男子群では0名，女子群では0名であった。「違反に関連する項目」の回答が男子群では2名，女子群では4名であった。「専門的な知識」の回答が男子群では5名，女子群では7名であった。「倫理と健康に関すること」の回答が男子群では9名，女子群では12名，両群ともに最も多く回答した。全ての項目で男子群と女子群との間には有意差が認め

Table 3-11. The nature of sacrifices made to be able to compete at the junior elite level

	Male n	Female n
A) 食事	6	10
B) 友達と遊ぶ時間	16	20
C) 髪型，アクセサリー，おしゃれ，その他やりたいことなど	6	6
D) 勉強する時間	1	2
E) 家族と過ごす時間	3	9
F) 学校への出席	3	2
G) その他	3	3
Total	38	52

Pre Questionnaire 2.-3-1) Which you have cut down to become an athlete?
The mean difference between boy's and girl's responses was not significant

Table 3-12. Source, content, and perceived importance of elements of the anti-doping education program

	Male n	Female n	Total n
パフォーマンスへのドーピングの影響について	0	0	0
違反に関連する項目	2	4	6
専門的な知識	5	7	12
倫理と健康に関すること	9	12	21
Total	16	23	39

Pre Questionnaire 3.-1-1) What element of the anti-doping session/lectures left the most important impression?
The mean difference between boy's and girl's responses was not significant

られなかった（Table 3-12）。

　アスリートにとってYOGに参加する意義についてYOG参加前（Pre）とYOG参加後（Post）にアンケートを行った。PreとPostの質問（複数回答可）においては，「A）勝負（試合）に勝つこと」という回答がPreでは40名，Postでは15名であった。「B）フェアに戦うこと」という回答がPreでは21名，Postでは20名であった。「C）将来のオリンピック出場のための良い経験，

Table 3-13. What is your main reason to compete at YOG?

	Pre n	Post n
A）勝負（試合）に勝つこと	40	15
B）フェアに戦うこと	21	20
C）将来のオリンピック出場のための良い経験，ステップにすること	36	42
D）世界の同年代の人たちと知り合うこと	30	30
E）自分の試合とCEPの両方に参加できること	22	31
F）参加して自分が楽しむこと	23	31
G）その他	0	8

Post Questionnaire 1. What is your main reason to compete at YOG ? (Multiple choices allowed)
The mean difference between boy's and girl's responses was not significant

ステップにすること」という回答がPreでは36名，Postでは42名であった。「D）世界の同年代の人たちと知り合うこと」という回答がPreでは30名，Postでは30名であった。「E）自分の試合とCEPの両方に参加できること」という回答がPreでは22名，Postでは31名であった。「F）参加して自分が楽しむこと」という回答がPreでは23名，Postでは31名であった。全ての項目でPreとPostとの間には有意差が認められなかった（Table 3-13）。

3-4. 考察

第1回YOGに参加した15競技の日本代表57名のアスリート（男子23名，女子34名）を対象とした。アンケートは12の質問から構成されており，次にあげた7項目を中心とした。「スポーツへの参入年齢や性質，アスリートの競技スポーツ参加の契機」，「競技へのモチベーションと競技参加から得られる満足感の要因」，「スポーツで得られるポジティブなアウトカム」，「ロールモデルの存在と影響力」，「ジュニアエリートレベル競技者が競技生活を送ることで犠牲としている要素」，「アンチ・ドーピング教育プログラムを構成する重要な基本要素」，「YOG参加の意義」。

スポーツへの参入や年齢の性質，アスリートの競技スポーツ参加の契機についての質問Pre 1-1「アスリートがスポーツに関わるようになった経路」，質問Pre 1-2「アスリートがスポーツを始めた年齢」に関する質問では，アスリートの家族や友人とのつながりが大きく，また施設へのアクセスも影響している。これらの環境を考えると，この年代においては友人や施設を兼ねている学校が何かしらの影響を持っていると推測される（日本オリンピック委員会，2015）。

スポーツを開始した年齢カテゴリからアスリートの競技スポーツへの参加開始年齢はLTADで使用されるカテゴリに基づいて議論した。最も早い開始年齢の6歳以下でスポーツを始めたグループは21名であった。LTADで示されているように運動の基本的な能力である，ランニング，ジャンピング，ひねり動作，投げる動作，キャッチ動作等を組み合わせた分類のスポーツとなっており，個人競技におけるスポーツが多いのも特徴である。第二グループの6歳以上から10歳以下で始めるスポーツの特徴としては，チームスポーツや用具を使うスポーツが入ってきている。またチームスポーツに必要な戦術的，精神的な準備も必要になる。最後の11歳以上で始めたグループは，彼らがスポーツを始めることができる前に，より複雑な装置を利用する必要がある。これらはおそらく，水辺における安全を確保する為の知識などスポーツを行う上での高いスキルを求められるスポーツを含む。

スポーツへの参入や年齢の性質，アスリートの競技スポーツ参加の契機は，家族やアスリートの周りの近い人や，環境に影響されると考えられる。

競技へのモチベーションと競技参加から得られる満足感の要因に関しての質問Pre 1-3「スポーツを続けるアスリートのモチベーション」，質問Pre 1-4「競技参加から得られる満足感の要因」に関しては，参加から得られる満足感と種類の関係を調べた。アスリートのパフォーマンス結果は重要な要素であり，良い試合結果は，アスリート自身に対して良い気分にさせる効果がある。また，目標や試合の関係は，アスリートがそのスポーツを継続する

ためのモチベーションと満足度で大きな影響があると考える（西田保，2013）。このことからYOG参加は，アスリートのモチベーションに何かしらの影響を与えたと考えることができる。

　満足感の要因として男子群はライバルに勝ったときという結果を意識する傾向があるが，女子群においては，周りの人が喜んでくれることや褒められることに意識が向いていると考えられる。

　スポーツで得られるポジティブなアウトカムに関しての，質問Pre 1-5「スポーツのどんなところが自分にとってプラスになっているか」に関しては，試合や練習などを通して自分の人格の向上や姿勢など精神的な成長を求める傾向がある。

　ヒーローやロールモデルは子供たちの選択に大きな影響を与えていると言われていることから（Anderson & Cavallaro, 2002），ロールモデルの存在は若いアスリートが自分自身を確立する際に重要な役割をはたしていると考えられる。またアスリートは，日ごろから接している監督，コーチの影響も大きく受けている。

　ジュニアエリートレベル競技者が競技生活を送ることで犠牲にしている要素に関する，「アスリートが競技をするために我慢していること」の質問の有無に関しては，Yesという回答が男子群では21名，女子群では30名，合計51名（89.5%）と高い値を示した。本研究の対象となるアスリートは14-18歳，この年代の若者は，一般的に友人と遊びたいと考えているが，多くのアスリートは，練習時間を確保するために削減していると考えられる。

　アンチ・ドーピング教育プログラムを構成する重要な基本要素に関しては，本大会に出場した日本代表アスリートの62.7%がサプリメントを使用している（Sato et al., 2012）。世界的にもアスリートのサプリメント使用が広がっている状況がある（Bloodworth & McNamee, 2010; Kim et al., 2011）。サプリメントの成分表示は国により食品として使用できる成分等が異なるため，全ての成分が表示されるとは限らないため注意が必要である。

日本の高校教育においては，2013年からアンチ・ドーピング教育が含まれている。そのことで生徒達は，スポーツの価値とアンチ・ドーピングの基本原則を学ぶ機会を持つことができ，カリキュラムは日本社会でのスポーツの価値とアンチ・ドーピング活動を推進している（Akama & Abe, 2013）。YOGは若いアスリートがスポーツの社会的意義を発見し，アンチ・ドーピング教育を通じてフェアプレーを学び，自分自身で理解するための良い機会である。男女の合計39名のうち21名が「倫理と健康に関すること」また，12名が「専門的な知識」であり，例えばアンチ・ドーピングの最も基本的なセッションであるドーピングの検査手順や禁止物質に関して等であった。このように，国内におけるトップジュニアアスリートへのアンチ・ドーピング教育啓発活動は様々な場面にて行われていることが考えられる。

　YOG参加の意義に関しては，YOG前後で若いアスリートに何らかの変化について識別することを目的とした。参加した後では，彼らの目的は近いオリンピックへのステップを取ることに特徴的に変化しながら，大会に勝つことであった。

3-5. 結論

　世界で初めて行われたYOGの日本代表アスリートの特性を知ることで，ジュニア期にスポーツがアスリートに与える教育的な要因をみることができた。アスリートがスポーツから得られる満足に関しては，男女で有意差があり，特に男子群はライバルに勝ったときという直接の勝敗の結果を意識する傾向があるが，女子群においては勝敗の結果から周りの人が喜んでくれることや褒められることに意識が向いていることが明らかになった。このようにジュニア期のアスリートがスポーツに対して抱く気持ちは異なっているが，アスリートがスポーツから得られる満足に関して，関係する要因は家族でありコーチであることが考えられる。特にコーチはアスリートを直接指導する

立場から，アスリートの満足度を向上させることに対してポジティブな存在であると考えられた。

第4章　日本とイギリスの柔道競技国内大会経験者におけるアンチ・ドーピングに関する意識調査

4-1. 緒言

　我が国で初のスポーツにおけるドーピングの防止活動の推進に関する法律が2018年10月1日から施行された。スポーツにおける公正性・スポーツを行う者の心身の健康の保持増進の確保や公平さの確保，アンチ・ドーピングに関する社会一般への教育や啓発活動の推進及び関係機関間の情報の共有の仕組み等に関して，スポーツにおけるドーピング防止活動に関する施策を総合的に推進するための基本的な方針が示された。基本的施策の1つである，国民に対する教育及び啓発の推進も明示されている。2019年また2020年と我が国で開催された，ラグビーワールドカップ大会や東京オリンピック・パラリンピック競技大会をはじめとする国際競技大会の開催に向け，日本のアンチ・ドーピング活動は，教育及び啓発の推進において，スポーツの価値を保護し，クリーンなスポーツに対するグローバルな体制が整備された。

　国際的なアンチ・ドーピング活動は，国際オリンピック委員会（IOC）が中心になり行われてきた。しかし検査の透明性や中立性の問題から1999年に世界アンチ・ドーピング機構（WADA）が設立され，その後はWADAがその役割を担い，スポーツにおけるドーピング防止に関する世界的な統一ルール，ドーピング・コントロール規定の制定やそれに基づいた競技会検査，競技外検査や血液検査等が導入された（World Anti-Doping Agency, 2015）。世界規定の目標は，「スポーツ精神」と呼ばれるスポーツの固有の価値を保護することであり，ドーピングはスポーツの精神に根本的に反するものであり，

若い世代も含む競技者やサポートへのアンチ・ドーピング教育の実施にも重点が置かれている。世界アンチ・ドーピング規定の基本原理は，スポーツ固有の価値を保護することである。基本原理は，倫理観，フェアプレーと誠意，健康，卓越した競技能力，人格と教育，楽しみと喜び，チームワーク，献身と真摯な取り組み，規則・法を尊重する姿勢，自分自身とその他の参加者を尊重する姿勢，勇気，共同体意識と連帯意識，これは，「スポーツの精神」と呼ばれ，スポーツに内在しスポーツを通して実現する価値に反映されていると位置づけている（World Anti-Doping Agency, 2015）。

現在のアンチ・ドーピング活動は，検査により違反を取り締まる活動から，アスリートの健康を守り，アスリートの権利を保護し，スポーツの価値を守る活動へと重点が置かれるようになってきている。スポーツとアスリートを守る活動へとその活動の主旨と範囲が大きく切り替わりつつある。近年は，ロシアのドーピングの不正などスポーツにおける公正性やスポーツ精神などが脅かされている現状においては，全てのレベルのアスリート・コーチ・サポートスタッフに対してスポーツの価値としてスポーツを理解し教養と知識に基づく高い倫理観が求められている。

スポーツにおける価値や倫理に関しては，オリンピック憲章のオリンピズムの根本原理の中においても，スポーツを文化，教育と融合させ，生き方の創造を探究するものであり，努力する喜び，社会的な責任などの根本的な倫理規範の尊重を基盤とすると述べられている（International Olympic Committee, 2011）。

我が国のアンチ・ドーピングの教育においては，2007年2月にUNESCOの"スポーツにおけるドーピングの防止に関する国際規約"が発効され，文部科学省よりスポーツにおけるドーピング防止に関するガイドラインが施行された（Anti-Doping Guide Book 2007, 2007）。スポーツにおけるドーピング防止に関するガイドラインにおいては，ドーピング防止に関する教育及び研修について，スポーツ愛好者など広く国民一般に対する教育や，アスリート及

びサポートスタッフに対する教育や研修に関しても規定している。

　日本アンチ・ドーピング規定においては，日本のスポーツの美徳や価値の"プレイ・トゥルー"精神は，日本のスポーツまた柔道の創始者である嘉納治五郎によっても"順道制勝"という言葉で提唱した，と明記されている（日本アンチ・ドーピング機構，2021）。

　嘉納治五郎は，知育・徳育・体育の三者の相互の釣り合いがとれた良い発達が教育に必要と考えていた（長谷川，1981）。そして嘉納は，「体育」・「勝負」・「修心」の三育主義を柔道の目的とした。体育とは強く健やかにして，目的達成のために自在に動く身体の獲得。身体の強健は，生存者の必要条件であるばかりではなく，精神活用の基盤となるものである。勝負とは肉体上で人を制し，人に制せられざる術の修得。修心とは勝負理論の社会生活への応用。すなわち柔道の目的は徳性を養い，知力を練り，世の百般のことに応用出来る基本態度を培うことであると述べている（村田，2001）。このように嘉納治五郎は，柔道を通しての教育的価値を概念化し実践していた。

　このようにスポーツのアンチ・ドーピング活動教育は，アスリートだけではなくスポーツ愛好者など広く国民一般に対する教育であり，アンチ・ドーピング教育に触れることで，スポーツの本質を考え，スポーツの経験を通して"競技場面での公平・公正性"のフェアプレーを学び，さらに豊かな教養・知識に基づく高い倫理観としての"スポーツの本来持っている価値"のインテグリティを理解し学ぶことが出来ると考えられる。

　そこで，第4章では，スポーツを絞り柔道競技を取り上げた。国内大会を経験し柔道を理解している各国別の意識の比較として，アンチ・ドーピングに関する意識や認識の違いに関して明らかにするために，日本とイギリスの柔道競技国内大会経験者を対象に意識調査を実施した。

4-2. 対象と方法

4-2-1. 対象

本調査は，調査時に日本またはイギリスにおいて柔道クラブや大学等に所属し柔道競技国内大会経験者であり，全日本柔道連盟に登録している285名とイギリス柔道連盟に登録している250名を対象とした。

4-2-2. 調査方法

各国におけるアンケート調査は，日本では2017年1月に，イギリスでは2016年11月に同一の調査内容の用紙を用いて実施した。なお，調査用紙はそれぞれ日本語と英語で作成した。日本では，全日本柔道連盟に登録している大学柔道クラブ所属のコーチ・アスリート・サポートスタッフに調査用紙を配布しその場で回収する形式をとった。イギリスでの調査は，イギリス柔道連盟が中心となりイギリス柔道連盟に登録している柔道クラブ所属のコーチ・アスリート・サポートスタッフにメールや合同練習会等を活用し調査用紙を配布し，メールや練習会時に回収した。

調査内容は選択肢を用いた形式で行い回答は無記名とした。本研究では，調査紙の中から関連する質問項目のみについて解析を行い，検討を行った。質問は，Q1性別，Q2現在のポジションといった調査対象者の基礎項目とQ3，Q4では自国のアンチ・ドーピング機構（NADO）と世界アンチ・ドーピング機構（WADA）の存在に関して質問し，またQ5ではアンチ・ドーピングに関するセミナーや講義の受講有無などの基礎となる項目を行った。Q6に関しては，アンチ・ドーピングに関係する内容の10設問で構成した。質問内容はドーピングに対する考え方について社会的な側面，教育的な側面，倫理的な側面，医学的な側面からなる10設問で構成し，回答方法は5段階

「1. 強くそう思わない」「2. そう思わない」「3. わからない」「4. そう思う」「5. 強くそう思う」のいずれかより選択してもらった。

アンケート調査の解析には、スポーツを絞り柔道競技を取り上げ、各国間の比較を行った。アンチ・ドーピングに関する講習受講の有無に関しては、現在のポジションでの講習の有無が異なるため各国別の意識の比較を中心に、各解析では日本（JPN群）とイギリス（UK群）とした。

日本語・英語のアンケートは、早稲田大学「人を対象とする研究倫理審査」にて承認されている。

4-2-3. 統計解析

全ての統計処理には、SPSS Statistics 24 for Windows（SPSS Japan Inc. 東京）を用い、質問Q1、Q3、Q4、Q5に関してはカイ2乗（χ^2）検定、質問Q2、Q6に関してはマン・ホイットニーのU検定でノンパラメトリック多重比較検定も行った。各結果の有意水準は5％とした。

4-3. 結果

質問Q1「性別」については、JPN群は285名中男性が243名（85.3％）、女性が42名（14.7％）であった。UK群においては250名中男性が221名（88.4％）、女性が29名（11.6％）であった。JPN群とUK群との間には有意差が認められなかった。

質問Q2「現在のポジション」に関する質問では、JPN群は285名中Athleteが213名（74.74％）、Coachが55名（19.30％）、Lifestyle/volunteerが8名（2.80％）、Sports Scienceが1名（0.35％）、Strength/conditioningが1名（0.35％）、Otherが7名（2.46％）であった。UK群は250名中Athleteが42名（16.80％）、Coachが190名（76.00％）、Lifestyle/volunteerが11名（4.40％）、Otherが7名（2.80％）であった。JPN群とUK群との間には有意差が認められた。

質問Q3「自国のアンチ・ドーピング機構（NADO）を知っていますか？」については、JPN群では、日本アンチ・ドーピング機構（JADA）を知っていると答えたものは207名（72.6%）であり、知らないと答えたものは78名（27.4%）であった。UK群では、UKアンチ・ドーピング機構（UKAD）を知っていると答えたものは163名（65.2%）であり、知らないと答えたものは83名（33.2%）であり、無回答は4名（1.6%）であった。JPN群とUK群との間には有意差が認められなかった（Table 4-1）。

質問Q4「世界アンチ・ドーピング機構（WADA）を知っていますか？」については、JPN群では、世界アンチ・ドーピング機構（WADA）を知っていると答えたものは201名（70.5%）であり、知らないと答えたものは84名（29.5%）であった。UK群では、知っていると答えたものは186名（74.4%）であり、知らないと答えたものは64名（25.6%）であり、両群の間には有意差が認められなかった（Table 4-1）。

質問Q5「アンチ・ドーピングに関するセミナーや講義をうけた事がありますか？」については、JPN群では206名（72.28%）が「受講したことがある」、また79名（27.72%）が「受講したことがない」という回答であった。同様に、UK群でも、61名（24.00%）が「受講したことがある」、また183名

Table 4-1.

		Yes	No	non-response	P
Q3. 自国のアンチ・ドーピング機構（NADO）を知っていますか？	JPN	207 (72.6%)	78 (27.4%)	0 (0%)	0.111
	UK	163 (65.2%)	83 (33.2%)	4 (1.6%)	
Q4. 世界アンチ・ドーピング機構（WADA）を知っていますか？	JPN	201 (70.5%)	84 (29.5%)	0 (0%)	0.318
	UK	186 (74.4%)	64 (25.6%)	0 (0%)	

$n=285$（JPN）　$n=250$（UK）

Table 4-2.

		Yes	No	non-response	P
Q5. アンチ・ドーピングに関するセミナーや講義をうけた事がありますか？	JPN	206 (72.28%)	79 (27.72%)	0 (0%)	0.000*
	UK	61 (24.00%)	183 (73.20%)	6 (2.40%)	

$n=285$（JPN）　$n=250$（UK）　$^*P<.05$

　(73.20%) が「受講したことがない」, という回答であり, 無回答は6名 (2.40%) であった。JPN群とUK群との間には有意が認められた (Table 4-2)。

　質問Q6ではドーピングに対する考え方について社会的な側面, 教育的な側面, 倫理的な側面, 医学的な側面から構成された10の設問に対して, それぞれJPN群とUK群との間で比較を行った (Table 4-3)。

　質問Q6.1「ドーピングを認めるべきである」については, JPN群では, 184名 (64.6%) が「1.強くそう思わない」, 43名 (15.1%) が「2.そう思わない」と回答している。しかし,「5.強くそう思う」も27名 (9.5%) とわずかながら回答している。UK群では, 205名 (82.0%) が「1.強くそう思わない」と回答した。しかし,「5.強くそう思う」も22名 (8.8%) とわずかながら回答しており, JPN群とUK群との間には有意が認められた。

　質問Q6.2「ドーピングはフェアプレーの精神に反する」については, JPN群では, 173名 (60.7%) が「5.強くそう思う」, 53名 (18.6%) が「4.そう思う」と回答した。UK群では, 191名 (76.4%) が「5.強くそう思う」と回答している。しかし,「1.強くそう思わない」も30名 (12.0%) とわずかながら回答している。JPN群とUK群との間には有意が認められた。

　質問Q6.3「ドーピングは反社会的行為である」については, JPN群では, 125名 (43.9%) が「5.強くそう思う」, 63名 (22.1%) が「4.そう思う」, 51名 (17.9%) が「3.わからない」といった回答であった。UK群では, 150名 (60.0%) が「5.強くそう思う」, 48名 (19.2%) が「4.そう思う」と回答してい

Table 4-3.

Q6 JPN and UK		1. 強くそう思わない (n)	2. そう思わない	3. わからない	4. そう思う	5. 強くそう思う	M: Median	P
Q6.1 ドーピングを認めるべきである	JPN	184 64.6%	43 15.1%	24 8.4%	7 2.5%	27 9.5%	1.0	0.000*
	UK	205 82.0%	14 5.6%	6 2.4%	3 1.2%	22 8.8%	1.0	
Q6.2 ドーピングはフェアプレーの精神に反する	JPN	24 8.4%	8 2.8%	27 9.5%	53 18.6%	173 60.7%	5.0	0.001*
	UK	30 12.0%	2 0.8%	4 1.6%	23 9.2%	191 76.4%	5.0	
Q6.3 ドーピングは反社会的行為である	JPN	28 9.8%	18 6.3%	51 17.9%	63 22.1%	125 43.9%	4.0	0.000*
	UK	20 8.0%	12 4.8%	20 8.0%	48 19.2%	150 60.0%	5.0	
Q6.4 ドーピングはアスリートの健康を害する	JPN	23 8.1%	4 1.4%	31 10.9%	60 21.1%	167 58.6%	5.0	0.960
	UK	11 4.4%	4 1.6%	29 11.6%	64 25.6%	142 56.8%	5.0	
Q6.5 ドーピングは柔道の価値をそこなう	JPN	19 6.7%	9 3.2%	37 13.0%	60 21.1%	160 56.1%	5.0	0.000*
	UK	15 6.0%	3 1.2%	7 2.8%	31 12.4%	194 77.6%	5.0	
Q6.6 ドーピングは柔道の競技力を向上させる	JPN	101 35.4%	38 13.3%	71 24.9%	43 15.1%	32 11.2%	3.0	0.000*
	UK	17 6.8%	18 7.2%	50 20.0%	96 38.4%	69 27.6%	4.0	
Q6.7 スポーツをすることの意義は勝利である	JPN	63 22.1%	92 32.3%	61 21.4%	51 17.9%	18 6.3%	2.0	0.001*
	UK	138 55.2%	90 36.0%	8 3.2%	5 2.0%	9 3.6%	1.0	
Q6.8 勝利するためならドーピングをしてよい	JPN	187 65.6%	51 17.9%	34 11.9%	5 1.8%	8 2.8%	1.0	0.595
	UK	205 82.0%	18 7.2%	16 6.4%	4 1.6%	7 2.8%	1.0	
Q6.9 サプリメントや医薬品にドーピング禁止物質が含まれている可能性があることを知っている	JPN	11 3.9%	16 5.6%	52 18.2%	98 34.4%	108 37.9%	4.0	0.000*
	UK	5 2.0%	4 1.6%	50 20.0%	138 55.2%	53 21.2%	4.0	
Q6.10 アンチ・ドーピングとスポーツの価値とは同じであると信じている	JPN	23 8.1%	15 5.3%	116 40.7%	58 20.4%	73 25.6%	3.0	0.032*
	UK	9 3.6%	13 5.2%	63 25.2%	88 35.2%	77 30.8%	4.0	

$n=285$ (JPN) $n=250$ (UK)   *$p<.05$

る。JPN群とUK群との間には有意が認められた。

　質問Q6.4「ドーピングはアスリートの健康を害する」のすべての項目ではJPN群とUK群ともに「5. 強くそう思う」という回答が最も多く，いずれもJPN群とUK群との間には有意差は認められなかった。

　質問Q6.5「ドーピングは柔道の価値をそこなう」については，JPN群では，160名（56.1%）が「5. 強くそう思う」，60名（21.1%）が「4. そう思う」，37名（13.0%）が「3. わからない」といった回答であった。UK群では，194名（77.6%）が「5. 強くそう思う」，31名（12.4%）が「4. そう思う」といった回答であった。JPN群とUK群との間には有意が認められた。

　質問Q6.6「ドーピングは柔道の競技力を向上させる」については，JPN群では，101名（35.4%）が「1. 強くそう思わない」，71名（24.9%）が「3. わからない」と回答している。UK群では，69名（27.6%）が「5. 強くそう思う」，96名（38.4%）が「4. そう思う」，50名（20.0%）が「3. わからない」といった回答であった。JPN群とUK群との間には有意が認められた。

　質問Q6.7「スポーツをすることの意義は勝利である」については，JPN群63名（22.1%）が「1. 強くそう思わない」，92名（32.3%）が「2. そう思わない」，61名（21.4%）が「3. わからない」，51名（17.9%）が「4. そう思う」と分かれた。UK群では，138名（55.2%）が「1. 強くそう思わない」，90名（36.0%）が「2. そう思わない」と回答し，JPN群とUK群との間には有意が認められた。

　質問Q6.8「勝利するためならドーピングをしてよい」については，JPN群187名（65.6%）が「1. 強くそう思わない」，51名（17.9%）が「2. そう思わない」と回答し，UK群205名（82.0%）が「1. 強くそう思わない」，18名（7.2%）が「2. そう思わない」と回答し，両群との間には有意な関連が認められなかった。

　質問Q6.9「サプリメントや医薬品にドーピング禁止物質が含まれている可能性があることを知っている」については，JPN群では，108名（37.9%）が「5. 強くそう思う」，98名（34.4%）が「4. そう思う」と回答したことに対

して，UK群では53名（21.2%）が「5. 強くそう思う」，138名（55.2%）が「4. そう思う」，50名（20.0%）が「3. わからない」と回答している。JPN群とUK群との間には有意が認められた。

質問Q6.10「アンチ・ドーピングとスポーツの価値とは同じであると信じている」の項目ではJPN群116名（40.7%）が「3. わからない」と回答したことに対して，UK群88名（35.2%）が「4. そう思う」と回答し，JPN群とUK群との間には有意が認められた。

さらに質問Q6の10設問に対して，JPN群とUK群で分布を示した（Table 4-4）。

質問Q6.1「ドーピングを認めるべきである」については，日本とイギリスの両群において否定に分布していた。

質問Q6.2「ドーピングはフェアプレーの精神に反する」については，日本とイギリスの両群において肯定に分布していた。

質問Q6.3「ドーピングは反社会的行為である」については，日本では，わからないと肯定の2極に分布，イギリスでは肯定に分布していた。

質問Q6.4「ドーピングはアスリートの健康を害する」については，日本とイギリスの両群において肯定に分布していた。

質問Q6.5「ドーピングは柔道の価値をそこなう」については，日本では，わからないと肯定の2極に分布，イギリスでは肯定に分布していた。

質問Q6.6「ドーピングは柔道の競技力を向上させる」については，日本では肯定から否定までに分散，イギリスでは，わからないと肯定の2極に分布していた。

質問Q6.7「スポーツをすることの意義は勝利である」については，日本では，わからないと否定の2極に分布，イギリスでは否定に分布していた。

質問Q6.8「勝利するためならドーピングをしてよい」については，日本とイギリスの両群において否定に分布していた。

質問Q6.9「サプリメントや医薬品にドーピング禁止物質が含まれている

Table 4-4.

Q6.1 ドーピングを認めるべきである

対象群	JPN	UK
国内大会経験者	否①	否①

Q6.2 ドーピングはフェアプレーの精神に反する

対象群	JPN	UK
国内大会経験者	肯①	肯①

Q6.3 ドーピングは反社会的行為である

対象群	JPN	UK
国内大会経験者	わからない 肯 ①	肯①

Q6.4 ドーピングはアスリートの健康を害する

対象群	JPN	UK
国内大会経験者	肯	肯

Q6.5 ドーピングは柔道の価値をそこなう

対象群	JPN	UK
国内大会経験者	わからない 肯 ①	肯①

Q6.6 ドーピングは柔道の競技力を向上させる

対象群	JPN	UK
国内大会経験者	分散①	わからない 肯 ①

Q6.7 スポーツをすることの意義は勝利である

対象群	JPN	UK
国内大会経験者	わからない 否 ①	否①

Q6.8 勝利するためならドーピングをしてよい

対象群	JPN	UK
国内大会経験者	否	否

Q6.9 サプリメントや医薬品にドーピング禁止物質が含まれている可能性があることを知っている

対象群	JPN	UK
国内大会経験者	わからない 肯 ①	わからない 肯 ①

Q6.10 アンチ・ドーピングとスポーツの価値とは同じであると信じている

対象群	JPN	UK
国内大会経験者	わからない 肯 ①	わからない 肯 ①

肯：肯定に分布している場合
否：否定に分布している場合
分散：肯定から否定までに分散している場合
わからない．わからないと肯定の二極に分かれて
　　肯　　：いる場合
わからない．わからないと否定の二極に分かれて
　　否　　：いる場合

①は各設問内で群間に有意差を認めたもの

①　JPN群 and UK群

可能性があることを知っている」については，日本とイギリスの両群において，わからないと肯定の2極に分布していた。

質問Q6.10「アンチ・ドーピングとスポーツの価値とは同じであると信じている」については，日本とイギリスの両群において，わからないと肯定の2極に分布していた。

さらに質問Q6の有意差が認められた8項目Q6.1，Q6.2，Q6.3，Q6.5，Q6.6，Q6.7，Q6.9，Q6.10に対して肯定や否定のどちらでもない中間レベルの回答を現在のポジションと人数で示した。

質問Q6.1「ドーピングを認めるべきである」については，肯定や否定のどちらでもない中間レベルの回答「3. わからない」において，JPN群は24名中，Athleteが20名，Coachが3名，Lifestyle/volunteerが1名であった。UK群は6名中，Athleteが2名，Coachが3名，Lifestyle/volunteerが1名であった（Table 4-5）。

質問Q6.2「ドーピングはフェアプレーの精神に反する」については，肯定や否定のどちらでもない中間レベルの回答「3. わからない」において，JPN群は27名中，Athleteが22名，Coachが4名，Lifestyle/volunteerが1名であった。UK群は4名中，Athleteが2名，Coachが1名，Lifestyle/volunteerが1名であった（Table 4-6）。

質問Q6.3「ドーピングは反社会的行為である」については，肯定や否定のどちらでもない中間レベルの回答「3. わからない」において，JPN群は51名中，Athleteが45名，Coachが5名，Lifestyle/volunteerが1名であった。UK群は20名中，Athleteが5名，Coachが13名，Lifestyle/volunteerが1名，Strength/conditioningが1名であった（Table 4-7）。

質問Q6.5「ドーピングは柔道の価値をそこなう」については，肯定や否定のどちらでもない中間レベルの回答「3. わからない」において，JPN群は37名中，Athleteが32名，Coachが4名，Lifestyle/volunteerが1名であった。UK群は7名中，Athleteが3名，Coachが2名，Lifestyle/volunteerが2名

第4章　日本とイギリスの柔道競技国内大会経験者におけるアンチ・ドーピングに関する意識調査　41

Table 4-5.

Q6.1 ドーピングを認めるべきである		Athlete	Coach	Lifestyle/ volunteer	Sports Science	Strength & conditioning	Other	Total
3. わからない	JPN	20	3	1	0	0	0	24
	UK	2	3	1	0	0	0	6

$n=24$（JPN）　$n=6$（UK）

Table 4-6.

Q6.2 ドーピングはフェアプレーの精神に反する		Athlete	Coach	Lifestyle/ volunteer	Sports Science	Strength & conditioning	Other	Total
3. わからない	JPN	22	4	1	0	0	0	27
	UK	2	1	1	0	0	0	4

$n=27$（JPN）　$n=4$（UK）

Table 4-7.

Q6.3 ドーピングは反社会的行為である		Athlete	Coach	Lifestyle/ volunteer	Sports Science	Strength & conditioning	Other	Total
3. わからない	JPN	45	5	1	0	0	0	51
	UK	5	13	1	0	1	0	20

$n=51$（JPN）　$n=20$（UK）

Table 4-8.

Q6.5 ドーピングは柔道の価値をそこなう		Athlete	Coach	Lifestyle/ volunteer	Sports Science	Strength & conditioning	Other	Total
3. わからない	JPN	32	4	1	0	0	0	37
	UK	3	2	2	0	0	0	7

$n=37$（JPN）　$n=7$（UK）

であった（Table 4-8）。

　質問Q6.6「ドーピングは柔道の競技力を向上させる」については，肯定や否定のどちらでもない中間レベルの回答「3. わからない」において，JPN群は71名中，Athleteが61名，Coachが5名，Lifestyle/volunteerが3名，

Table 4-9.

Q6.6 ドーピングは柔道の競技力を向上させる		Athlete	Coach	Lifestyle/ volunteer	Sports Science	Strength & conditioning	Other	Total
3. わからない	JPN	61	5	3	1	0	1	71
	UK	9	34	3	0	0	4	50

$n=71$（JPN）　$n=50$（UK）

Table 4-10.

Q6.7 スポーツをすることの意義は勝利である		Athlete	Coach	Lifestyle/ volunteer	Sports Science	Strength & conditioning	Other	Total
3. わからない	JPN	54	6	1	0	0	0	61
	UK	3	5	0	0	0	0	8

$n=61$（JPN）　$n=8$（UK）

Table 4-11.

Q6.9 サプリメントや医薬品にドーピング禁止物質が含まれている可能性があることを知っている		Athlete	Coach	Lifestyle/ volunteer	Sports Science	Strength & conditioning	Other	Total
3. わからない	JPN	42	6	3	0	0	1	52
	UK	14	30	5	0	0	0	49

$n=52$（JPN）　$n=49$（UK）

Table 4-12.

Q6.10 アンチ・ドーピングとスポーツの価値とは同じであると信じている		Athlete	Coach	Lifestyle/ volunteer	Sports Science	Strength & conditioning	Other	Total
3. わからない	JPN	102	9	2	0	0	3	116
	UK	15	42	3	0	0	3	63

$n=116$（JPN）　$n=63$（UK）

Strength/conditioningが1名，Otherが1名であった。UK群は50名中，Athleteが9名，Coachが34名，Lifestyle/volunteerが3名，Otherが4名であった（Table 4-9）。

　質問Q6.7「スポーツをすることの意義は勝利である」については，肯定

や否定のどちらでもない中間レベルの回答「3. わからない」において，JPN群は61名中，Athleteが54名，Coachが6名，Lifestyle/volunteerが1名であった。UK群は8名中，Athleteが3名，Coachが5名であった（Table 4-10）。

質問Q6.9「サプリメントや医薬品にドーピング禁止物質が含まれている可能性があることを知っている」については，肯定や否定のどちらでもない中間レベルの回答「3. わからない」において，JPN群は52名中，Athleteが42名，Coachが6名，Lifestyle/volunteerが3名，Otherが1名であった。UK群は49名中，Athleteが14名，Coachが30名，Lifestyle/volunteerが5名であった（Table 4-11）。

質問Q6.10「アンチ・ドーピングとスポーツの価値とは同じであると信じている」については，肯定や否定のどちらでもない中間レベルの回答「3. わからない」において，JPN群は116名中，Athleteが102名，Coachが9名，Lifestyle/volunteerが2名，Otherが3名であった。UK群は63名中，Athleteが15名，Coachが42名，Lifestyle/volunteerが3名，Otherが3名であった（Table 4-12）。

4-4. 考察

第4章では，スポーツを絞り柔道競技を取り上げ，調査時に日本またはイギリスにおいて柔道クラブや大学等に所属し柔道競技国内大会経験者であり，全日本柔道連盟に登録している285名とイギリス柔道連盟に登録している250名を対象に「アンチ・ドーピングに関する意識のアンケート調査」を実施し，日本とイギリスにおける柔道競技国内大会経験者のアンチ・ドーピング教育に関する認識や理解度を二か国で比較し実態を明らかにすることを目的とした。

質問Q1，Q2の調査対象者の基礎項目では，対象者の性別については両国において男性が多かったが，両国の間に有意差は認められなかった。また

いずれの国においても対象者は柔道競技国内大会経験者であり，現在のポジションについて日本においてはアスリートが多く，イギリスにおいてはコーチが多く両国の間に有意差は認められた。しかし第4章においては，柔道競技国内大会経験者として現在のポジションで柔道を十分に理解していると考えられるコーチ・アスリート・サポートスタッフであり，国内大会の柔道経験をもち柔道競技に関わっている視点から，両国から得られた結果に対して，現在のポジションの違いは大きく影響しないと考えられることから，第4章の結果について両国間の比較検討を行った。

　まず，アンチ・ドーピングの基本となるルールを定める機関の存在について質問した。質問Q3，Q4においては，日本はイギリスとともにNADO，WADAの存在に関しては，高い理解を示し，アンチ・ドーピング機関が存在していることを理解していることが確認できた。しかし日本の認知度においては，NADOの方がWADAよりも高い値を示していたが，イギリスの認知度においては，WADAの方がNADOよりも高い値を示していた。これらの情報を柔道競技国内大会経験者が取得する場としてアンチ・ドーピングに関するセミナーや講義が考えられる。セミナーなどの受講経験を質問した質問Q5では，日本は72.28%の者がアンチ・ドーピングに関するセミナーや講義を受けたことがあるが，イギリスにおいては，73.20%と半数以上の者がセミナーや講義を受けたことがない状況が明らかとなった。

　第4章では，両国における柔道競技国内大会経験者に対する現在のポジションにおける受講機会に差があることが明らかになった。しかし質問Q3，Q4からは両国の多くの者がアンチ・ドーピングを取り纏める機関があることを理解していることから，日本においては，アンチ・ドーピングセミナー等の受講によりWADAやNADOの存在について情報を入手したことが推測される。

　また第4章で対象とした者の多くは，国を代表する柔道競技国内大会経験者のレベルではないことからアンチ・ドーピング検査対象外となる。このこ

とからNADOまたは国の競技団体（NF）からのセミナーや講習会等における教育が十分に行き届いていない者の層であり，アンチ・ドーピング教育に関する情報収集の形態に差があると推察される。日本に関しては大学生のアスリートが多いことから大学での講義やパンフレットからの情報収集が考えられる。イギリスにおいては，NADO，WADAの存在に関しては，半数程度の認知度の値を示していることからWEBからの情報を得ていると考えられる。さらにアンケート調査を行った時期が，2016年に開催されたリオデジャネイロオリンピック競技大会後ということもあり，組織的なドーピングが発覚したロシアのオリンピック競技大会参加問題について多くの報道がなされていた時期であった。このようにスポーツ競技に関わる柔道競技国内大会経験者においては，それぞれの立場からアンチ・ドーピング教育に関する情報収集の重要性を感じていた時期であったと推測される。日本のアンチ・ドーピング機構（JADA）そしてイギリスのアンチ・ドーピング機構（UKAD）は，スポーツ競技に関わるコーチ・アスリート・サポートスタッフ向けのWEBにおけるアンチ・ドーピング教育教材のシステムを推奨している。このように両国間のアンチ・ドーピング教育に関する情報収集の形態は異なっているが情報を習得する機会はあると考える。

　両国間の柔道競技国内大会経験者は，アンチ・ドーピング教育に関する情報収集の形態が異なっていても情報を取得する機会があることが明らかになった。そこで，ドーピングに対する考え方について社会的な側面，教育的な側面，倫理的な側面，医学的な側面から日本とイギリスとの間で比較を行った結果，質問Q6.4「ドーピングはアスリートの健康を害する」，質問Q6.8「勝利するためならドーピングをしてよい」の項目では有意差が認められなかった。有意差が認められなかった質問Q6.4，質問Q6.8の項目に関しては，アスリートの健康やドーピングの副作用などのアスリートの健康に関する観点と，勝利するためならドーピングをしてよいといったスポーツの公平性の観点に関しては，スポーツに対しての教育的な情報が大きく影響し

ている項目であり，両国ともに，同じ見解が示された。

　世界規定の基本原理において，アンチ・ドーピング教育の目的は，スポーツの精神がドーピングによって損なわれることから守ることであり，スポーツの固有の価値「倫理観，フェアプレー，人格と教育，規則・法を尊重する姿勢など」を保護することとし，さらにドーピングは，スポーツの精神に根本的に反するものであると述べている。また世界規定の教育プログラムの基本原則は，スポーツの精神を保護する個人的な価値観及び信条を浸透させ，学校のカリキュラムでの実施を通して若い世代を念頭に置き実施されると述べている（World Anti-Doping Agency, 2015）。またIOC（国際オリンピック委員会）のオリンピック憲章においては，世界アンチ・ドーピング規定および試合の不正操作防止に関するオリンピック・ムーブメント規定の遵守は，オリンピック・ムーブメント全体にとっての義務であると述べている（International Olympic Committee, 2011）。このように，ドーピングを禁止しスポーツを通じて若者を教育し，スポーツ固有の価値を守りクリーンなアスリートとスポーツの高潔性を保護するとしている。しかしながら有意差が認められた項目，質問Q6.1「ドーピングを認めるべきである」，質問Q6.2「ドーピングはフェアプレーの精神に反する」，質問Q6.3「ドーピングは反社会的行為である」，質問Q6.5「ドーピングは柔道の価値をそこなう」，質問Q6.6「ドーピングは柔道の競技力を向上させる」，質問Q6.7「スポーツをすることの意義は勝利である」，質問Q6.10「アンチ・ドーピングとスポーツの価値とは同じであると信じている」は，ドーピング禁止の是非，フェアプレー精神，スポーツの高潔性，社会への悪影響，スポーツの価値や意義，といった社会的な側面と倫理的な側面に関しての質問であり本研究結果からは異なる見解が示された。有意差が認められた要因の一つとして，日本においては肯定や否定のどちらでもない中間レベルの回答が多い傾向があり，特にアスリートの回答は，中間レベルにおける回答が多かった。一方イギリスにおいては肯定や否定のどちらかの傾向レベルの回答が多く，中間レベルにおける回答は多くない。

中間レベルにおける回答は肯定や否定のどちらにも傾く可能性があるため，今後の教育プログラムではスポーツの精神や価値に基づく教育が大きく影響すると考えられる。アンチ・ドーピング防止に関する理解，意識，行動の関係について，報告書（日本アンチ・ドーピング機構，2010）は，アンチ・ドーピング教育において理解度の高い群の方がドーピング防止に関して日常生活や日ごろの練習から気をつけているなど，ドーピング防止意識を行動に移している割合が高いと報告している。したがってドーピング禁止の是非，フェアプレー精神，スポーツの高潔性，社会への悪影響，スポーツの価値や意義，といった社会的な側面と倫理的な側面に関しての教育効果を行動や言動に良い影響を与える段階までにする必要がある。

　有意差が認められた質問Q6.9に関しては，サプリメントにドーピング禁止物質が含まれている可能性についての認知度に関しては異なる見解が示されたが，日本とイギリスにおいては肯定の傾向レベルの回答が多く，中間レベルにおける回答もいることからサプリメントによりアンチ・ドーピング規則違反になる可能性を理解し，サプリメントの使用については引き続き指導すべきである。

4-5. 結論

　アンチ・ドーピングに関する調査研究では，柔道競技国内大会経験者を対象とした国別の意識の比較はこれまで報告されていない。第4章ではスポーツを柔道競技に絞り日本とイギリスの柔道競技国内大会経験者におけるアンチ・ドーピングに関する意識調査を実施した結果，両国においてアンチ・ドーピング機構の存在は理解されていたが，ドーピング禁止の是非，フェアプレー精神，スポーツの高潔性，社会への悪影響，スポーツの価値や意義，といった社会的な側面と倫理的な側面に関しての教育に対する理解は異なった結果であり，日本においては肯定や否定のどちらでもない中間レベルの回

答が多い傾向があった。肯定や否定のどちらでもない中間レベルの回答に関しては，教育効果を行動や言動に良い影響を与える段階までにする必要がある。

第5章　日本とイギリスの柔道アスリートにおけるアンチ・ドーピングに関する意識調査

5-1. 緒言

　日本において，ここ数年でスポーツを取り巻く環境が大きく変化している。2011年6月には，スポーツ基本法が制定された（文部科学省，2011）。その後スポーツ基本法第9条の規程に基づいて2012年には，スポーツ基本法の理念を具体化しスポーツに関する基本的な計画として「スポーツ基本計画」が策定された（文部科学省，2012）。その中には今後5年間に総合的かつ計画的に取り組むべき施策として，ドーピング防止活動の推進の施策目標があり，日本アンチ・ドーピング機構（JADA）と連携しながらジュニア層からトップアスリートまでのアンチ・ドーピング教育を推進することがあげられている。

　国際オリンピック委員会（IOC）は，世界の若者にスポーツと教育・文化を融合させるための大会として，2010年にシンガポールで第1回ユースオリンピック競技大会（Youth Olympic Games）を開催し若者へのスポーツを通した教育をスタートしている（Summer Youth Olympic Games Singapore 2010, 2010）。第3章では，ジュニア期のアスリートがスポーツから得られる満足度は，勝敗，コーチやライバルによって影響されることを示唆している。また2021年の東京オリンピック・パラリンピック競技大会の開催により日本国内ではスポーツの関心が増すと同時に，勝敗におけるメダルへの期待も増してきている。だからこそフェアプレーの中で勝負される競技が必要であり，一つでもアンチ・ドーピング規則違反がないように日本に限らず，広くアンチ・ドーピング教育が必要となってくる。

アンチ・ドーピング教育は，全てのレベルのアスリートに対して"競技場面での公平・公正性"のフェアプレーと"スポーツの本来持っている価値"のインテグリティについての両面からのアプローチを行うことで教育の向上を充実させることが出来ると考えられる。

そこで，本研究は文化背景が異なるアスリートに対して，アンチ・ドーピングに関する意識や認識の違いについて明らかにするために，日本古来の武道として世界に発展した柔道アスリートを対象として，ロンドンオリンピック競技大会を自国で開催した経験をもつイギリスの柔道アスリートと，古来から伝わる武道として根付いている日本の柔道アスリートを対象にアンチ・ドーピングに関する意識調査を実施した。

5-2. 対象と方法

5-2-1. 対象

本調査は，調査時にイギリス及び日本において柔道クラブや大学等で，現役柔道競技者として国内大会等に出場しているアスリートを対象に行った。アスリートは柔道クラブで練習しているイギリスのアスリート43名と，大学の柔道クラブに所属している日本のアスリート83名を対象とした。

5-2-2. 調査方法

各国におけるアンケート調査は，イギリスでは2012年11月に，日本では2014年5月に同一の調査内容の用紙を用いて実施した。なお，調査用紙はそれぞれ英語と日本語で作成した。イギリスでの調査は，イギリス柔道連盟が中心となりメールや合同練習会等を活用し調査用紙を配布し，メールや練習会時に回収した。日本では大学の柔道クラブに所属しているアスリートに調査用紙を配布し，その場で回収する形式をとった。

調査内容は選択肢を用いた形式で行い，回答は無記名とした。本研究では，調査紙の中から関連する質問項目のみについて解析を行い，検討を行った。質問は，Q1現在の年齢，Q2性別，Q3柔道の経験年数といった調査対象者の基礎項目とQ4，Q5では自国のアンチ・ドーピング機構（NADO）と世界アンチ・ドーピング機構（WADA）の存在に関して質問し，またQ6ではアンチ・ドーピングに関するセミナーや講義の受講頻度などの基礎となる項目を行った。Q7に関しては，アンチ・ドーピングに関係する内容の10設問で構成した。質問内容はドーピングに対する考え方について社会的な側面，教育的な側面，倫理的な側面，医学的な側面からなる10設問で構成し，回答方法は5段階「1.強くそう思わない」「2.そう思わない」「3.わからない」「4.そう思う」「5.強くそう思う」のいずれかより選択してもらった。

アンケート調査の解析には，各国間の比較を行った。各解析にあたり，全てのイギリスアスリート（UK_ALL群），全ての日本アスリート（JPN_ALL群）とした。さらにアンチ・ドーピングに関する講習の受講の有無でUK_ALL群をさらに分け，講習を1回以上受けた群（UK_Y群）と，講習を一度も受けたことがない群（UK_N群）とした。またJPN_ALL群においても，さらに分け，講習を1回以上受けた群（JPN_Y群）と，講習を一度も受けたことがない群（JPN_N群）とし解析を行った。日本語アンケートは，早稲田大学「人を対象とする研究倫理審査」，英語アンケートは，ラフバラ大学（イギリス），Ethics Approvals (Human Participants) Sub-Committeeにて承認されている。

5-2-3. 統計解析

全ての統計処理には，SPSS Statistics 21 for Windows（SPSS Japan Inc. 東京）を用い，質問Q4－Q5に関してはカイ2乗（χ^2）検定，質問Q7に関してはマン・ホイットニーのU検定も行った。各結果の有意水準は5％とした。

5-3. 結果

質問1「現在の年齢」については，UK_ALL群は43名であり，年齢は26.3±9.0歳であった。JPN_ALL群は83名であり，年齢は19.9±1.4歳であった。UK_ALL群とJPN_ALL群との間には有意差が認められUK_ALL群の年齢が有意に高かった。

質問2「性別」については，UK_ALL群は43名中男性が33名，女性が10名であった。JPN_ALL群においては83名中男性が48名，女性が35名であった。UK_ALL群とJPN_ALL群との間には有意差が認められた。

質問3「柔道経験年数」に関する質問では，UK_ALL群の平均経験年数は12.6±7.7年であった。JPN_ALL群の平均経験年数は10.7±3.9年であった。UK_ALL群とJPN_ALL群との間には有意差が認められなかった。

質問4「自国のアンチ・ドーピング機構（NADO）を知っていますか？」に対してそれぞれUK_ALL群とJPN_ALL群との間で比較を行った。UK_ALL群では，UKアンチ・ドーピング機構（UKAD）を知っていると答えたアスリートは36名（83.7%），知らないと答えたアスリートは7名（16.3%）であった。JPN_ALL群では，日本アンチ・ドーピング機構（JADA）を知っていると答えたアスリートは43名（51.8%），知らないと答えたアスリートは40名（48.2%）であり，UK_ALL群とJPN_ALL群との間には有意差が認められた（Table 5-1）。

またイギリスのアンチ・ドーピングに関する講習を受けた群（UK_Y群）と講習を受けなかった群（UK_N群）との間で比較を行った。UK_Y群では，UKアンチ・ドーピング機構（UKAD）を知っていると答えたアスリートは21名（100%），知らないと答えたアスリートは0名（0%）であった。UK_N群では，UKアンチ・ドーピング機構（UKDA）を知っていると答えたアスリートは15名（68.2%），知らないと答えたアスリートは7名（31.8%）であり，

第5章 日本とイギリスの柔道アスリートにおけるアンチ・ドーピングに関する意識調査　53

Table 5-1.

		Yes	No	P
Q4. 自国のアンチ・ドーピング機構（NADO）を知っていますか？	UK_ALL	36 (83.7%)	7 (16.3%)	$P<.01$
	JPN_ALL	43 (51.8%)	40 (48.2%)	
Q5. 世界アンチ・ドーピング機構（WADA）を知っていますか？	UK_ALL	30 (69.8%)	13 (30.2%)	$P<.05$
	JPN_ALL	36 (43.4%)	47 (56.6%)	

$n=43$ (UK_ALL)　$n=83$ (JPN_ALL)

		Yes	No	P
Q4. 自国のアンチ・ドーピング機構（NADO）を知っていますか？	UK_Y	21 (100%)	0 (0%)	$P<.01$
	UK_N	15 (68.2%)	7 (31.8%)	
Q5. 世界アンチ・ドーピング機構（WADA）を知っていますか？	UK_Y	19 (90.5%)	2 (9.5%)	$P<.01$
	UK_N	11 (50.0%)	11 (50.0%)	

$n=21$ (UK_Y)　$n=22$ (UK_N)

		Yes	No	P
Q4. 自国のアンチ・ドーピング機構（NADO）を知っていますか？	JPN_Y	30 (83.3%)	6 (16.7%)	$P<.01$
	JPN_N	13 (27.7%)	34 (72.3%)	
Q5. 世界アンチ・ドーピング機構（WADA）を知っていますか？	JPN_Y	26 (72.2%)	10 (27.8%)	$P<.01$
	JPN_N	10 (21.3%)	37 (78.7%)	

$n=36$ (JPN_Y)　$n=47$ (JPN_N)

UK_Y群とUK_N群との間には有意差が認められた（Table 5-1）。

　さらに日本のアンチ・ドーピングに関する講習を受けた群（JPN_Y群）と講習を受けなかった群（JPN_N群）との間で比較を行った。JPN_Y群では，日本アンチ・ドーピング機構（JADA）を知っていると答えたアスリートは30名（83.3％），知らないと答えたアスリートは6名（16.7％）であった。JPN_N群では，日本アンチ・ドーピング機構（JADA）を知っていると答えたアスリートは13名（27.7％），知らないと答えたアスリートは34名（72.3％）であり，JPN_Y群とJPN_N群との間には有意差が認められた（Table 5-1）。

　質問5「世界アンチ・ドーピング機構（WADA）を知っていますか？」に対してそれぞれUK_ALL群とJPN_ALL群との間で比較を行った。UK_ALL群では，世界アンチ・ドーピング機構（WADA）を知っていると答えたアス

リートは30名（69.8%），知らないと答えたアスリートは13名（30.2%）であった。JPN_ALL群では，知っていると答えたアスリートは36名（43.4%），知らないと答えたアスリートは47名（56.6%）であり，両群の間には有意差が認められた（Table 5-1）。

またイギリスのアンチ・ドーピングに関する講習を受けた群（UK_Y群）と講習を受けなかった群（UK_N群）との間で比較を行った。UK_Y群では，世界アンチ・ドーピング機構（WADA）を知っていると答えたアスリートは19名（90.5%），知らないと答えたアスリートは2名（9.5%）であった。UK_N群では，世界アンチ・ドーピング機構（WADA）を知っていると答えたアスリートは11名（50%），知らないと答えたアスリートは11名（50%）であり，UK_Y群とUK_N群との間には有意差が認められた（Table 5-1）。

さらに日本のアンチ・ドーピングに関する講習を受けた群（JPN_Y群）と講習を受けなかった群（JPN_N群）との間で比較を行った。JPN_Y群では，世界アンチ・ドーピング機構（WADA）を知っていると答えたアスリートは26名（72.2%），知らないと答えたアスリートは10名（27.8%）であった。JPN_N群では，世界アンチ・ドーピング機構（WADA）を知っていると答えたアスリートは10名（21.3%），知らないと答えたアスリートは37名（78.7%）であり，JPN_Y群とJPN_N群との間には有意差が認められた（Table 5-1）。

質問6「どのくらいの頻度でアンチ・ドーピングに関するセミナーや講義をうけた事がありますか？」については，UK_ALL群では22名（51.2%）が「1回も受けたことが無い」，また8名（18.6%）が「今までに1回だけ」という回答が多かった。同様に，JPN_ALL群でも，47名（56.6%）が「1回も受けたことが無い」，また17名（20.5%）が「今までに1回だけ」という回答が多かった。UK_ALL群とJPN_ALL群との間には有意差が認められなかった（Table 5-2）。

質問7ではドーピングに対する考え方について社会的な側面，教育的な側面，倫理的な側面，医学的な側面から構成された10の設問に対して，それぞ

第5章 日本とイギリスの柔道アスリートにおけるアンチ・ドーピングに関する意識調査 55

Table 5-2.

Q6. どのくらいの頻度でアンチ・ドーピングに関するセミナーや講義をうけた事がありますか?

	1回も受けたことが無い	今までに1回だけ	月に1回	年に2回程度	年に1回程度	2〜3年に1回程度	P
UK_ALL	22 51.2%	8 18.6%	0 0.0%	5 11.6%	4 9.3%	4 9.3%	n.s.
JPN_ALL	47 56.6%	17 20.5%	2 2.4%	2 2.4%	8 9.6%	7 8.4%	

$n=43$(UK_ALL) $n=83$(JPN_ALL)

れUK_ALL群とJPN_ALL群との間で比較を行った(Table 5-3)。

　質問7.1「ドーピングを認めるべきである」については,UK_ALL群では,22名(51.2%)が「1. 強くそう思わない」,19名(44.2%)が「5. 強くそう思う」に分かれたのに対してJPN_ALL群では,62名(74.7%)が「1. 強くそう思わない」と回答した。しかし,「5. 強くそう思う」も2名(2.4%)とわずかながら回答しており,UK_ALL群とJPN_ALL群との間には有意差が認められ,JPN_ALL群でもドーピングを肯定する者がみられた。

　質問7.2「ドーピングはフェアプレーの精神に反する」,質問7.3「ドーピングは反社会的行為である」,質問7.4「ドーピングはアスリートの健康を害する」のすべての項目ではUK_ALL群とJPN_ALL群ともに「5. 強くそう思う」という回答が最も多く,いずれもUK_ALL群とJPN_ALL群との間には有意差は認められなかった。

　質問7.5「ドーピングは柔道の価値をそこなう」については,UK_ALL群では,34名(79.1%)が「5. 強くそう思う」と回答したが,JPN_ALL群では,45名(54.2%)が「5. 強くそう思う」,11名(13.3%)が「1. 強くそう思わない」,12名(14.5%)が「3. わからない」「4. そう思う」といった回答であった。UK_ALL群とJPN_ALL群との間には有意差が認められ,JPN_ALL群では意見が分かれる傾向がみられた。

　質問7.6「ドーピングは柔道の競技力を向上させる」については,UK_ALL群では,14名(32.6%)が「3. わからない」と回答し,JPN_ALL群でも

Table 5-3.

Q7 UK_ALL and JPN_ALL		1. 強くそう思わない (n)	2. そう思わない (n)	3. わからない (n)	4. そう思う (n)	5. 強くそう思う (n)	M: Median	P
Q7.1 ドーピングを認めるべきである	UK_ALL	22 51.2%	1 2.3%	0 0.0%	1 2.3%	19 44.2%	1.0	$P<.01$
	JPN_ALL	62 74.7%	8 9.6%	8 9.6%	3 3.6%	2 2.4%	1.0	
Q7.2 ドーピングはフェアプレーの精神に反する	UK_ALL	7 16.3%	2 4.7%	1 2.3%	1 2.3%	32 74.4%	5.0	n.s.
	JPN_ALL	14 16.9%	2 2.4%	10 12.1%	9 10.8%	48 57.8%	5.0	
Q7.3 ドーピングは反社会的行為である	UK_ALL	5 11.6%	3 7.0%	3 7.0%	11 25.6%	21 49.0%	4.0	n.s.
	JPN_ALL	10 12.1%	6 7.2%	16 19.3%	16 19.3%	35 42.2%	4.0	
Q7.4 ドーピングはアスリートの健康を害する	UK_ALL	2 4.7%	0 0.0%	4 9.3%	12 27.9%	25 58.1%	5.0	n.s.
	JPN_ALL	10 12.1%	1 1.2%	12 14.5%	15 18.1%	45 54.2%	5.0	
Q7.5 ドーピングは柔道の価値をそこなう	UK_ALL	1 2.3%	1 2.3%	2 4.7%	5 11.6%	34 79.1%	5.0	$P<.05$
	JPN_ALL	11 13.3%	3 3.6%	12 14.5%	12 14.5%	45 54.2%	5.0	
Q7.6 ドーピングは柔道の競技力を向上させる	UK_ALL	6 13.9%	5 11.6%	14 32.6%	12 27.9%	6 14.0%	3.0	n.s.
	JPN_ALL	20 24.1%	10 12.1%	38 45.8%	9 10.8%	6 7.2%	3.0	
Q7.7 スポーツをすることの意義は勝利である	UK_ALL	12 27.9%	11 25.6%	9 20.9%	8 18.6%	3 7.0%	2.0	n.s.
	JPN_ALL	11 13.3%	25 30.1%	27 32.5%	12 14.5%	8 9.6%	3.0	
Q7.8 勝利するためならドーピングをしてよい	UK_ALL	35 81.3%	3 7.0%	2 4.7%	0 0.0%	3 7.0%	1.0	n.s.
	JPN_ALL	59 71.1%	9 10.8%	13 15.7%	1 1.2%	1 1.2%	1.0	
Q7.9 サプリメントや医薬品にドーピング禁止物質が含まれている可能性があることを知っている	UK_ALL	1 2.3%	1 2.3%	21 48.8%	14 32.6%	6 14.0%	3.0	n.s.
	JPN_ALL	6 7.2%	6 7.2%	19 22.9%	25 30.1%	27 32.5%	4.0	
Q7.10 アンチ・ドーピングとスポーツの価値とは同じであると信じている	UK_ALL	5 11.6%	4 9.3%	14 32.6%	8 18.6%	12 27.9%	3.0	n.s.
	JPN_ALL	5 6.0%	12 14.5%	45 54.2%	10 12.1%	11 13.3%	3.0	

$n=43$ (UK_ALL) $n=83$ (JPN_ALL)

同様に38名（45.8%）が「3.わからない」と回答し，両群には有意差が認められなかった。

質問7.7「スポーツをすることの意義は勝利である」については，UK_ALL群12名（27.9%）が「1.強くそう思わない」，11名（25.6%）が「2.そう思わない」と分かれたのに対してJPN_ALL群でも25名（30.1%）が「2.そう思わない」，27名（32.5%）が「3.わからない」と回答し，両群には有意差が認められなかった。

質問7.8「勝利するためならドーピングをしてよい」についてはUK_ALL群35名（81.3%）とJPN_ALL群59名（71.1%）が「1.強くそう思わない」と回答し，両群との間には有意な差は認められなかった。

質問7.9「サプリメントや医薬品にドーピング禁止物質が含まれている可能性があることを知っている」については，UK_ALL群では，21名（48.8%）が「3.わからない」，14名（32.6%）が「4.そう思う」と回答したことに対して，JPN_ALL群では25名（30.1%）が「4.そう思う」，27名（32.5%）が「5.強くそう思う」と回答し，両群との間には有意な差は認められなかった。

質問7.10「アンチ・ドーピングとスポーツの価値とは同じであると信じている」の項目ではUK_ALL群14名（32.6%）とJPN_ALL群45名（54.2%）ともに「3.わからない」と回答し，両群には有意差が認められなかった。

また質問7の10設問に対してイギリスのアンチ・ドーピングに関する講習を受けた群（UK_Y群）と日本のアンチ・ドーピングに関する講習を受けた群（JPN_Y群）との間でも比較を行った（Table 5-4）。

質問7.1「ドーピングを認めるべきである」については，UK_Y群では，9名（42.9%）が「1.強くそう思わない」，12名（57.1%）が「5.強くそう思う」に分かれたのに対してJPN_Y群では，30名（83.3%）が「1.強くそう思わない」と回答した。しかし，「3.わからない」も3名（8.3%）とわずかながら回答しており，UK_Y群とJPN_Y群との間には有意差が認められた。

質問7.2「ドーピングはフェアプレーの精神に反する」，質問7.3「ドーピ

Table 5-4.

Q7 UK_Y and JPN_Y		1. 強くそう思わない (n)	2. そう思わない	3. わからない	4. そう思う	5. 強くそう思う	M: Median	P
Q7.1 ドーピングを認めるべきである	UK_Y	9 42.9%	0 0.0%	0 0.0%	0 0.0%	12 57.1%	5.0	$P<.01$
	JPN_Y	30 83.3%	1 2.8%	3 8.3%	1 2.8%	1 2.8%	1.0	
Q7.2 ドーピングはフェアプレーの精神に反する	UK_Y	4 19.1%	1 4.8%	1 4.8%	0 0.0%	15 71.4%	5.0	n.s.
	JPN_Y	8 22.2%	0 0.0%	5 14.0%	1 2.8%	22 61.1%	5.0	
Q7.3 ドーピングは反社会的行為である	UK_Y	3 14.3%	3 14.3%	1 4.8%	6 28.6%	8 38.1%	4.0	n.s.
	JPN_Y	4 11.1%	1 2.8%	8 22.2%	6 16.7%	17 47.2%	4.0	
Q7.4 ドーピングはアスリートの健康を害する	UK_Y	1 4.8%	0 0.0%	1 4.8%	6 28.6%	13 61.9%	5.0	n.s.
	JPN_Y	6 16.7%	1 2.8%	3 8.3%	5 14.0%	21 58.3%	5.0	
Q7.5 ドーピングは柔道の価値をそこなう	UK_Y	0 0.0%	0 0.0%	1 4.8%	3 14.3%	17 81.0%	5.0	n.s.
	JPN_Y	5 14.0%	2 5.6%	3 8.3%	4 11.1%	22 61.1%	5.0	
Q7.6 ドーピングは柔道の競技力を向上させる	UK_Y	1 4.8%	3 14.3%	6 28.6%	8 38.1%	3 14.3%	4.0	$P<.05$
	JPN_Y	9 25.0%	4 11.1%	16 44.4%	5 14.0%	2 5.6%	3.0	
Q7.7 スポーツをすることの意義は勝利である	UK_Y	2 9.5%	5 23.8%	6 28.6%	7 33.3%	1 4.8%	3.0	n.s.
	JPN_Y	6 16.7%	9 25.0%	12 33.3%	4 11.1%	5 14.0%	3.0	
Q7.8 勝利するためならドーピングをしてよい	UK_Y	18 85.7%	2 9.5%	1 4.8%	0 0.0%	0 0.0%	1.0	n.s.
	JPN_Y	27 75.0%	3 8.3%	4 11.1%	1 2.8%	1 2.8%	1.0	
Q7.9 サプリメントや医薬品にドーピング禁止物質が含まれている可能性があることを知っている	UK_Y	0 0.0%	0 0.0%	9 42.9%	9 42.9%	3 14.3%	4.0	$P<.05$
	JPN_Y	1 2.8%	2 5.6%	5 14.0%	8 22.2%	20 55.6%	4.0	
Q7.10 アンチ・ドーピングとスポーツの価値とは同じであると信じている	UK_Y	2 9.5%	3 14.3%	8 38.1%	4 19.1%	4 19.1%	3.0	n.s.
	JPN_Y	2 5.6%	2 5.6%	19 52.8%	6 16.7%	7 19.4%	3.0	

$n=21$ (UK_Y) $n=36$ (JPN_Y)

ングは反社会的行為である」，質問7.4「ドーピングはアスリートの健康を害する」，質問7.5「ドーピングは柔道の価値をそこなう」のすべての項目ではUK_Y群とJPN_Y群ともに「5. 強くそう思う」という回答が最も多く，いずれもUK_Y群とJPN_Y群との間には有意差は認められなかった。

質問7.6「ドーピングは柔道の競技力を向上させる」については，UK_Y群では，8名（38.1%）が「4. そう思う」と回答し質問に賛同する回答を占めたことに対してJPN_Y群では，9名（25.0%）が「1. 強くそう思わない」と回答し，また16名（44.4%）が「3. わからない」と回答した。両群には有意差が認められた。

質問7.7「スポーツをすることの意義は勝利である」については，UK_Y群が6名（28.6%）「3. わからない」，7名（33.3%）「4. そう思う」と回答し，JPN_Y群12名（33.3%）が「3. わからない」と回答し両群との間には有意な差は認められなかった。

質問7.8「勝利するためならドーピングをしてよい」については，UK_Y群18名（85.7%）とJPN_Y群27名（75.0%）が「1. 強くそう思わない」と回答し，両群との間には有意な差が認められなかった。

質問7.9「サプリメントや医薬品にドーピング禁止物質が含まれている可能性があることを知っている」については，UK_Y群では，9名（42.9%）が「3. わからない」，9名（42.9%）が「4. そう思う」と回答したことに対して，JPN_Y群では20名（55.6%）が「5. 強くそう思う」と回答し，両群との間には有意な差が認められた。

質問7.10「アンチ・ドーピングとスポーツの価値とは同じであると信じている」の項目では「3. わからない」いった回答がUK_Y群8名（38.1%）とJPN_Y群19名（52.8%）と各国の回答のなかで最も多く，UK_Y群とJPN_Y群との間には有意な差が認められなかった。

また質問7の10設問に対してイギリスのアンチ・ドーピングに関する講習を今までに一度も受けたことの無い群（UK_N群）と日本のアンチ・ドーピ

ングに関する講習を今までに一度も受けたことの無い群（JPN_N群）との間でも比較を行った（Table 5-5）。

質問7.1については，UK_N群は，13名（59.1%）が「1.強くそう思わない」，JPN_N群でも，32名（68.1%）が「1.強くそう思わない」と最も多い回答であり，UK_N群とJPN_N群との間には有意差が認められなかった。

質問7.2，質問7.3，質問7.4のすべての項目ではUK_N群とJPN_N群ともに「5.強くそう思う」という回答が最も多く，いずれもUK_N群とJPN_N群との間には有意差は認められなかった。

質問7.5については，UK_N群では，17名（77.3%）が「5.強くそう思う」と回答したが，JPN_N群では，23名（48.9%）が「5.強くそう思う」，8名（17.0%）が「4.そう思う」，9名（19.2%）が「3.わからない」といった回答であった。UK_N群とJPN_N群との間には有意差が認められた。

質問7.6については，UK_N群では，8名（36.4%）が「3.わからない」，またJPN_N群でも，22名（46.8%）が「3.わからない」と回答し両群には有意差が認められなかった。

質問7.7については，UK_N群10名（45.5%）が「1.強くそう思わない」，6名（27.3%）が「2.そう思わない」とJPN_N群16名（34.0%）が「2.そう思わない」，15名（31.9%）が「3.わからない」と回答し，両群との間には有意な差が認められた。

質問7.8についてはUK_N群17名（77.3%）とJPN_N群32名（68.1%）が「1.強くそう思わない」と回答し，両群との間には有意な差は認められなかった。

質問7.9については，UK_N群では，12名（54.6%）が「3.わからない」，5名（22.7%）が「4.そう思う」と回答したことに対してJPN_N群では，14名（29.8%）が「3.わからない」，17名（36.2%）が「4.そう思う」と回答し両群との間には有意な差は認められなかった。

質問7.10の項目ではUK_N群8名（36.4%）が「5.強くそう思う」といった回答が多かった。JPN_N群26名（55.3%）は「3.わからない」といった回答

Table 5-5.

Q7 UK_N and JPN_N		1. 強くそう思わない (n)	2. そう思わない	3. わからない	4. そう思う	5. 強くそう思う	M: Median	P
Q7.1 ドーピングを認めるべきである	UK_N	13 59.1%	1 4.5%	0 0.0%	1 4.5%	7 32.0%	1.0	n.s.
	JPN_N	32 68.1%	7 14.9%	5 10.6%	2 4.3%	1 2.1%	1.0	
Q7.2 ドーピングはフェアプレーの精神に反する	UK_N	3 13.6%	1 4.5%	0 0.0%	1 4.5%	17 77.3%	5.0	n.s.
	JPN_N	6 12.8%	2 4.3%	5 10.6%	8 17.0%	26 55.3%	5.0	
Q7.3 ドーピングは反社会的行為である	UK_N	2 9.1%	0 0.0%	2 9.1%	5 22.7%	13 59.1%	5.0	n.s.
	JPN_N	6 12.8%	5 10.6%	8 17.0%	10 21.3%	18 38.3%	4.0	
Q7.4 ドーピングはアスリートの健康を害する	UK_N	1 4.5%	0 0.0%	3 13.6%	6 27.3%	12 54.6%	5.0	n.s.
	JPN_N	4 8.5%	0 0.0%	9 19.2%	10 21.3%	24 51.1%	5.0	
Q7.5 ドーピングは柔道の価値をそこなう	UK_N	1 4.5%	1 4.5%	1 4.5%	2 9.1%	17 77.3%	5.0	$P<.05$
	JPN_N	6 12.8%	1 2.1%	9 19.2%	8 17.0%	23 48.9%	4.0	
Q7.6 ドーピングは柔道の競技力を向上させる	UK_N	5 22.7%	2 9.1%	8 36.4%	4 18.2%	3 13.6%	3.0	n.s.
	JPN_N	11 23.4%	6 12.8%	22 46.8%	4 8.5%	4 8.5%	3.0	
Q7.7 スポーツをすることの意義は勝利である	UK_N	10 45.5%	6 27.3%	3 13.6%	1 4.5%	2 9.1%	2.0	$P<.01$
	JPN_N	5 10.6%	16 34.0%	15 31.9%	8 17.0%	3 6.4%	3.0	
Q7.8 勝利するためならドーピングをしてよい	UK_N	17 77.3%	1 4.5%	1 4.5%	0 0.0%	3 13.6%	1.0	n.s.
	JPN_N	32 68.1%	6 12.8%	9 19.2%	0 0.0%	0 0.0%	1.0	
Q7.9 サプリメントや医薬品にドーピング禁止物質が含まれている可能性があることを知っている	UK_N	1 4.5%	1 4.5%	12 54.6%	5 22.7%	3 13.6%	3.0	n.s.
	JPN_N	5 10.6%	4 8.5%	14 29.8%	17 36.2%	7 14.9%	4.0	
Q7.10 アンチ・ドーピングとスポーツの価値とは同じであると信じている	UK_N	3 13.6%	1 4.5%	6 27.3%	4 18.2%	8 36.4%	4.0	$P<.05$
	JPN_N	3 6.4%	10 21.3%	26 55.3%	4 8.5%	4 8.5%	3.0	

$n=22$（UK_N）　$n=47$（JPN_N）

が多かった。UK_N群とJPN_N群との間には有意な差が認められた。

また質問7の10設問に対してイギリスのアンチ・ドーピングに関する講習を受けた群（UK_Y群）とイギリスのアンチ・ドーピングに関する講習を今までに一度も受けたことの無い群（UK_N群）との間でも比較を行った（Table 5-6）。

質問7.1については，UK_Y群は，9名（42.9%）が「1.強くそう思わない」，12名（57.1%）が「5.強くそう思う」といった回答が多く，UK_N群では，13名（59.1%）が「1.強くそう思わない」，7名（32.0%）が「5.強くそう思う」といった回答が多く，UK_Y群とUK_N群との間には有意差が認められなかった。

質問7.2については，UK_Y群は，15名（71.4%）が「5.強くそう思う」，UK_N群は，17名（77.3%）が「5.強くそう思う」といった回答が多く，UK_Y群とUK_N群との間には有意差が認められなかった。

質問7.3については，UK_Y群は，3名（14.3%）が「1.強くそう思わない」，3名（14.3%）が「2.そう思わない」，1名（4.8%）が「3.わからない」，6名（28.6%）が「4.そう思う」，8名（38.1%）が「5.強くそう思う」といった回答であり，UK_N群は，5名（22.7%）が「4.そう思う」，13名（59.1%）が「5.強くそう思う」といった回答であり，UK_Y群とUK_N群との間には有意差が認められなかった。

質問7.4，質問7.5の項目ではUK_Y群とUK_N群ともに「5.強くそう思う」という回答が最も多く，いずれもUK_Y群とUK_N群との間には有意差は認められなかった。

質問7.6については，UK_Y群は，1名（4.8%）が「1.強くそう思わない」，3名（14.3%）が「2.そう思わない」，6名（28.6%）が「3.わからない」，8名（38.1%）が「4.そう思う」，3名（14.3%）が「5.強くそう思う」といった回答であり，UK_N群は，5名（22.7%）が「1.強くそう思わない」，2名（9.1%）が「2.そう思わない」，8名（36.4%）が「3.わからない」，4名（18.2%）が

Table 5-6.

Q7 UK_Y and UK_N		1.強くそう思わない (n)	2.そう思わない	3.わからない	4.そう思う	5.強くそう思う	M: Median	P
Q7.1 ドーピングを認めるべきである	UK_Y	9 42.9%	0 0.0%	0 0.0%	0 0.0%	12 57.1%	5.0	n.s.
	UK_N	13 59.1%	1 4.5%	0 0.0%	1 4.5%	7 32.0%	1.0	
Q7.2 ドーピングはフェアプレーの精神に反する	UK_Y	4 19.1%	1 4.8%	1 4.8%	0 0.0%	15 71.4%	5.0	n.s.
	UK_N	3 13.6%	1 4.5%	0 0.0%	1 4.5%	17 77.3%	5.0	
Q7.3 ドーピングは反社会的行為である	UK_Y	3 14.3%	3 14.3%	1 4.8%	6 28.6%	8 38.1%	4.0	n.s.
	UK_N	2 9.1%	0 0.0%	2 9.1%	5 22.7%	13 59.1%	5.0	
Q7.4 ドーピングはアスリートの健康を害する	UK_Y	1 4.8%	0 0.0%	1 4.8%	6 28.6%	13 61.9%	5.0	n.s.
	UK_N	1 4.5%	0 0.0%	3 13.6%	6 27.3%	12 54.6%	5.0	
Q7.5 ドーピングは柔道の価値をそこなう	UK_Y	0 0.0%	0 0.0%	1 4.8%	3 14.3%	17 81.0%	5.0	n.s.
	UK_N	1 4.5%	1 4.5%	1 4.5%	2 9.1%	17 77.3%	5.0	
Q7.6 ドーピングは柔道の競技力を向上させる	UK_Y	1 4.8%	3 14.3%	6 28.6%	8 38.1%	3 14.3%	4.0	n.s.
	UK_N	5 22.7%	2 9.1%	8 36.4%	4 18.2%	3 13.6%	3.0	
Q7.7 スポーツをすることの意義は勝利である	UK_Y	2 9.5%	5 23.8%	6 28.6%	7 33.3%	1 4.8%	3.0	P<.01
	UK_N	10 45.5%	6 27.3%	3 13.6%	1 4.5%	2 9.1%	2.0	
Q7.8 勝利するためならドーピングをしてよい	UK_Y	18 85.7%	2 9.5%	1 4.8%	0 0.0%	0 0.0%	1.0	n.s.
	UK_N	17 77.3%	1 4.5%	1 4.5%	0 0.0%	3 13.6%	1.0	
Q7.9 サプリメントや医薬品にドーピング禁止物質が含まれている可能性があることを知っている	UK_Y	0 0.0%	0 0.0%	9 42.9%	9 42.9%	3 14.3%	4.0	n.s.
	UK_N	1 4.5%	1 4.5%	12 54.6%	5 22.7%	3 13.6%	3.0	
Q7.10 アンチ・ドーピングとスポーツの価値とは同じであると信じている	UK_Y	2 9.5%	3 14.3%	8 38.1%	4 19.1%	4 19.1%	3.0	n.s.
	UK_N	3 13.6%	1 4.5%	6 27.3%	4 18.2%	8 36.4%	4.0	

n=21 (UK_Y)　n=22 (UK_N)

「4. そう思う」，3名（13.6%）が「5. 強くそう思う」といった回答であり，UK_Y群とUK_N群との間には有意差が認められなかった。

　質問7.7については，UK_Y群は2名（9.5%）が「1. 強くそう思わない」，5名（23.8%）が「2. そう思わない」，6名（28.6%）が「3. わからない」，7名（33.3%）が「4. そう思う」と回答し，UK_N群は，10名（45.5%）が「1. 強くそう思わない」，6名（27.3%）が「2. そう思わない」と回答し，両群との間には有意な差が認められた。

　質問7.8についてUK_Y群は18名（85.7%）とUK_N群は17名（77.3%）が「1. 強くそう思わない」と回答し，両群との間には有意な差は認められなかった。

　質問7.9については，UK_Y群では，9名（42.9%）が「3. わからない」，9名（42.9%）が「4. そう思う」と回答し，UK_N群では，12名（54.6%）が「3. わからない」，5名（22.7%）が「4. そう思う」と回答し，両群との間には有意な差は認められなかった。

　質問7.10については，UK_Y群は，2名（9.5%）が「1. 強くそう思わない」，3名（14.3%）が「2. そう思わない」，8名（38.1%）が「3. わからない」，4名（19.1%）が「4. そう思う」，4名（19.1%）が「5. 強くそう思う」といった回答であり，UK_N群は，3名（13.6%）が「1. 強くそう思わない」，1名（4.5%）が「2. そう思わない」，6名（27.3%）が「3. わからない」，4名（18.2%）が「4. そう思う」，8名（36.4%）が「5. 強くそう思う」といった回答であり，UK_Y群とUK_N群との間には有意差が認められなかった。

　また質問7の10設問に対して日本のアンチ・ドーピングに関する講習を受けた群（JPN_Y群）と日本のアンチ・ドーピングに関する講習を今までに一度も受けたことの無い群（JPN_N群）との間でも比較を行った（Table 5-7）。

　質問7.1については，JPN_Y群は，30名（83.3%）が「1. 強くそう思わない」といった回答が多く，JPN_N群では，32名（68.1%）が「1. 強くそう思わない」といった回答が多く，JPN_Y群とJPN_N群との間には有意差が認められなかった。

Table 5-7.

Q7 JPN_Y and JPN_N		1. 強くそう思わない (n)	2. そう思わない	3. わからない	4. そう思う	5. 強くそう思う	M: Median	P
Q7.1 ドーピングを認めるべきである	JPN_Y	30 83.3%	1 2.8%	3 8.3%	1 2.8%	1 2.8%	1.0	n.s.
	JPN_N	32 68.1%	7 14.9%	5 10.6%	2 4.3%	1 2.1%	1.0	
Q7.2 ドーピングはフェアプレーの精神に反する	JPN_Y	8 22.2%	0 0.0%	5 14.0%	1 2.8%	22 61.1%	5.0	n.s.
	JPN_N	6 12.8%	2 4.3%	5 10.6%	8 17.0%	26 55.3%	5.0	
Q7.3 ドーピングは反社会的行為である	JPN_Y	4 11.1%	1 2.8%	8 22.2%	6 16.7%	17 47.2%	4.0	n.s.
	JPN_N	6 12.8%	5 10.6%	8 17.0%	10 21.3%	18 38.3%	4.0	
Q7.4 ドーピングはアスリートの健康を害する	JPN_Y	6 16.7%	1 2.8%	3 8.3%	5 14.0%	21 58.3%	5.0	n.s.
	JPN_N	4 8.5%	0 0.0%	9 19.2%	10 21.3%	24 51.1%	5.0	
Q7.5 ドーピングは柔道の価値をそこなう	JPN_Y	5 14.0%	2 5.6%	3 8.3%	4 11.1%	22 61.1%	5.0	n.s.
	JPN_N	6 12.8%	1 2.1%	9 19.2%	8 17.0%	23 48.9%	4.0	
Q7.6 ドーピングは柔道の競技力を向上させる	JPN_Y	9 25.0%	4 11.1%	16 44.4%	5 14.0%	2 5.6%	3.0	n.s.
	JPN_N	11 23.4%	6 12.8%	22 46.8%	4 8.5%	4 8.5%	3.0	
Q7.7 スポーツをすることの意義は勝利である	JPN_Y	6 16.7%	9 25.0%	12 33.3%	4 11.1%	5 14.0%	3.0	n.s.
	JPN_N	5 10.6%	16 34.0%	15 31.9%	8 17.0%	3 6.4%	3.0	
Q7.8 勝利するためならドーピングをしてよい	JPN_Y	27 75.0%	3 8.3%	4 11.1%	1 2.8%	1 2.8%	1.0	n.s.
	JPN_N	32 68.1%	6 12.8%	9 19.2%	0 0.0%	0 0.0%	1.0	
Q7.9 サプリメントや医薬品にドーピング禁止物質が含まれている可能性があることを知っている	JPN_Y	1 2.8%	2 5.6%	5 14.0%	8 22.2%	20 55.6%	5.0	P<.01
	JPN_N	5 10.6%	4 8.5%	14 29.8%	17 36.2%	7 14.9%	4.0	
Q7.10 アンチ・ドーピングとスポーツの価値とは同じであると信じている	JPN_Y	2 5.6%	2 5.6%	19 52.8%	6 16.7%	7 19.4%	3.0	P<.05
	JPN_N	3 6.4%	10 21.3%	26 55.3%	4 8.5%	4 8.5%	3.0	

n=36(JPN_Y)　n=47(JPN_N)

質問7.2については，JPN_Y群は，22名（61.1%）が「5. 強くそう思う」，JPN_N群は，26名（55.3%）が「5. 強くそう思う」といった回答が多く，JPN_Y群とJPN_N群との間には有意差が認められなかった。

質問7.3については，JPN_Y群は，4名（11.1%）が「1. 強くそう思わない」，1名（2.8%）が「2. そう思わない」，8名（22.2%）が「3. わからない」，6名（16.7%）が「4. そう思う」，17名（47.2%）が「5. 強くそう思う」といった回答であり，JPN_N群は，6名（12.8%）が「1. 強くそう思わない」，5名（10.6%）が「2. そう思わない」，8名（17.0%）が「3. わからない」，10名（21.3%）が「4. そう思う」，18名（38.3%）が「5. 強くそう思う」といった回答であり，JPN_Y群とJPN_N群との間には有意差が認められなかった。

質問7.4の項目では，JPN_Y群とJPN_N群ともに「5. 強くそう思う」という回答が最も多く，いずれもJPN_Y群とJPN_N群との間には有意差は認められなかった。

質問7.5については，JPN_Y群は，5名（14.0%）が「1. 強くそう思わない」，2名（5.6%）が「2. そう思わない」，3名（8.3%）が「3. わからない」，4名（11.1%）が「4. そう思う」，22名（61.1%）が「5. 強くそう思う」といった回答であり，JPN_N群は，6名（12.8%）が「1. 強くそう思わない」，1名（2.1%）が「2. そう思わない」，9名（19.2%）が「3. わからない」，8名（17.0%）が「4. そう思う」，23名（48.9%）が「5. 強くそう思う」といった回答であり，JPN_Y群とJPN_N群との間には有意差が認められなかった。

質問7.6については，JPN_Y群は，9名（25.0%）が「1. 強くそう思わない」，4名（11.1%）が「2. そう思わない」，16名（44.4%）が「3. わからない」，5名（14.0%）が「4. そう思う」，2名（5.6%）が「5. 強くそう思う」といった回答であり，JPN_N群は，11名（23.4%）が「1. 強くそう思わない」，6名（12.8%）が「2. そう思わない」，22名（46.8%）が「3. わからない」，4名（8.5%）が「4. そう思う」，4名（8.5%）が「5. 強くそう思う」といった回答であり，JPN_Y群とJPN_N群との間には有意差が認められなかった。

質問7.7については，JPN_Y群は，6名（16.7%）が「1.強くそう思わない」，9名（25.0%）が「2.そう思わない」，12名（33.3%）が「3.わからない」，4名（11.1%）が「4.そう思う」，5名（14.0%）が「5.強くそう思う」といった回答であり，JPN_N群は，5名（10.6%）が「1.強くそう思わない」，16名（34.0%）が「2.そう思わない」，15名（31.9%）が「3.わからない」，8名（17.0%）が「4.そう思う」，3名（6.4%）が「5.強くそう思う」といった回答であり，JPN_Y群とJPN_N群との間には有意差が認められなかった。

質問7.8については，JPN_Y群は，27名（75.0%）とJPN_N群は32名（68.1%）が「1.強くそう思わない」と回答し，両群との間には有意な差は認められなかった。

質問7.9については，JPN_Y群では，8名（22.2%）が「4.そう思う」，20名（55.6%）が「5.強くそう思う」と回答し，JPN_N群では，14名（29.8%）が「3.わからない」，17名（36.2%）が「4.そう思う」と回答し，JPN_Y群とJPN_N群との間には有意な差が認められた。

質問7.10については，JPN_Y群は，19名（52.8%）が「3.わからない」，6名（16.7%）が「4.そう思う」，7名（19.4%）が「5.強くそう思う」といった回答であり，JPN_N群は，10名（21.3%）が「2.そう思わない」，26名（55.3%）が「3.わからない」といった回答であり，JPN_Y群とJPN_N群との間には有意な差が認められた。

さらに質問7の10設問に対して，Table 5-3から5-7までの回答をイギリスのUK_ALL群，UK_Y群，UK_N群と日本のJPN_ALL群，JPN_Y群，JPN_N群で分布を示した（Table 5-8）。

質問7.1「ドーピングを認めるべきである」については，イギリスのUK_ALL群，UK_Y群，UK_N群では肯定と否定の2極に分布し，日本のJPN_ALL群，JPN_Y群，JPN_N群では否定に分布していた。

質問7.2「ドーピングはフェアプレーの精神に反する」については，イギリスと日本のすべての群において肯定に分布していた。

Table 5-8.

Q7.1 ドーピングを認めるべきである

対象群	UK_ALL	UK_Y	UK_N	JPN_ALL	JPN_Y	JPN_N
アスリート	肯否①	肯否②	肯否	否①	否②	否

Q7.2 ドーピングはフェアプレーの精神に反する

対象群	UK_ALL	UK_Y	UK_N	JPN_ALL	JPN_Y	JPN_N
アスリート	肯	肯	肯	肯	肯	肯

Q7.3 ドーピングは反社会的行為である

対象群	UK_ALL	UK_Y	UK_N	JPN_ALL	JPN_Y	JPN_N
アスリート	分散	分散	肯定の傾向	分散	分散	分散

Q7.4 ドーピングはアスリートの健康を害する

対象群	UK_ALL	UK_Y	UK_N	JPN_ALL	JPN_Y	JPN_N
アスリート	肯	肯	肯	肯	肯	肯

Q7.5 ドーピングは柔道の価値をそこなう

対象群	UK_ALL	UK_Y	UK_N	JPN_ALL	JPN_Y	JPN_N
アスリート	肯①	肯	肯③	分散①	分散	分散③

Q7.6 ドーピングは柔道の競技力を向上させる

対象群	UK_ALL	UK_Y	UK_N	JPN_ALL	JPN_Y	JPN_N
アスリート	分散	分散②	分散	分散	分散②	分散

Q7.7 スポーツをすることの意義は勝利である

対象群	UK_ALL	UK_Y	UK_N	JPN_ALL	JPN_Y	JPN_N
アスリート	分散	分散④	否定の傾向③, ④	分散	分散	分散③

Q7.8 勝利するためならドーピングをしてよい

対象群	UK_ALL	UK_Y	UK_N	JPN_ALL	JPN_Y	JPN_N
アスリート	否	否	否	否	否	否

Q7.9 サプリメントや医薬品にドーピング禁止物質が含まれている可能性があることを知っている

対象群	UK_ALL	UK_Y	UK_N	JPN_ALL	JPN_Y	JPN_N
アスリート	わからない肯	わからない肯②	わからない肯	わからない肯	肯②, ⑤	わからない肯⑤

Q7.10 アンチ・ドーピングとスポーツの価値とは同じであると信じている

対象群	UK_ALL	UK_Y	UK_N	JPN_ALL	JPN_Y	JPN_N
アスリート	分散	分散	分散③	分散	わからない肯⑤	わからない否③, ⑤

肯：肯定に分布している場合
否：否定に分布している場合
分散：肯定から否定までに分散している場合
肯定の傾向：肯定の傾向に分布している場合
否定の傾向：否定の傾向に分布している場合
肯否：肯定と否定の二極に分かれている場合
わからない肯：わからないと肯定の二極に分かれている場合
わからない否：わからないと否定の二極に分かれている場合

①, ②, ③, ④, ⑤は各設問内で群間に有意差を認めたもの

① UK_ALL and JPN_ALL
② UK_Y and JPN_Y
③ UK_N and JPN_N
④ UK_Y and UK_N
⑤ JPN_Y and JPN_N

質問7.3「ドーピングは反社会的行為である」については，UK_ALL群，UK_Y群，JPN_ALL群，JPN_Y群，JPN_N群では否定から肯定までに分散，UK_N群のみ肯定の傾向であった。

質問7.4「ドーピングはアスリートの健康を害する」については，イギリスと日本のすべての群において肯定に分布していた。

質問7.5「ドーピングは柔道の価値をそこなう」については，イギリスのUK_ALL群，UK_Y群，UK_N群は肯定に分布，日本のJPN_ALL群，JPN_Y群，JPN_N群は，否定から肯定までに分散であった。

質問7.6「ドーピングは柔道の競技力を向上させる」については，イギリスと日本のすべての群において否定から肯定までに分散であった。

質問7.7「スポーツをすることの意義は勝利である」については，UK_ALL群，UK_Y群，JPN_ALL群，JPN_Y群，JPN_N群では否定から肯定までに分散，UK_N群のみ否定の傾向に分布していた。

質問7.8「勝利するためならドーピングをしてよい」については，イギリスと日本のすべての群において否定に分布していた。

質問7.9「サプリメントや医薬品にドーピング禁止物質が含まれている可能性があることを知っている」については，UK_ALL群，UK_Y群，UK_N群，JPN_ALL群，JPN_N群では，わからないと肯定の2極に分布，JPN_Y群のみ肯定に分布していた。

質問7.10「アンチ・ドーピングとスポーツの価値とは同じであると信じている」については，UK_ALL群，UK_Y群，UK_N群，JPN_ALL群では否定から肯定までに分散，JPN_Y群では，わからないと肯定の2極に分布，JPN_N群ではわからないと否定の2極に分布していた。

5-4. 考察

第5章では，調査時にイギリス及び日本において柔道クラブや大学等で実

際に練習をしているイギリスのアスリート43名と大学の柔道クラブに所属している日本のアスリート83名を対象に「アンチ・ドーピングに関する意識のアンケート調査」を実施し，イギリスと日本における柔道アスリートのアンチ・ドーピング教育に関する認識や理解度を二か国で比較し実態を明らかにした。

質問1～3の調査対象者の基礎項目では，対象者の年齢では両国の間に有意差が認められたが，性別については男性が多く，また柔道経験平均年数では10年程度の経験があり，両国の間に有意差が認められなかった。いずれの国においても対象者は，豊富な柔道経験をもち，柔道を十分に理解しているアスリートが対象になっていると考えられる。したがって，両国から得られた結果に対して，性別や柔道経験年数の違いは大きく影響しないと考えられることから，両国間の比較を行った。

質問4～5においてUK_ALL群はJPN_ALL群に対してNADO, WADAの存在に関しては，半数程度の認知度の値を示していた。さらに両国の間においてはアンチ・ドーピングに関する講習を受けた経験により，NADO, WADAの存在に関しての認知度は高い値を示していた。

質問6においてのアンチ・ドーピングに関するセミナーなどの受講経験においては両国ともに半数以上が1回も講義をうけた事が無い。本研究の対象としたアスリートの多くは，国を代表するアスリートのレベルではないことからドーピング検査の対象となる可能性は低く，NADOまたは国の競技団体（National Federation: NF）からのセミナーや講習会等における教育の機会は少なく，アンチ・ドーピング教育に関する情報収集は他の手段・方法によっていると推察される。イギリスにおいては，NADO, WADAの存在に関しては，半数程度の認知度の値を示しており，WEBからの情報を得ている可能性が考えられる。一方，日本のアスリートは教員養成の大学生アスリートが多いことから大学での講義やパンフレットからの情報収集が考えられる。このように両国間のアスリートに関してのアンチ・ドーピング教育に

関する情報収集の形態は異なっているが，両国ともに情報を習得する機会があったと考える。

　両国間のアスリートは，アンチ・ドーピング教育に関する情報収集を異なる形態で取得する機会があったことが明らかになった。そこで，ドーピングに対する考え方について社会的な側面，教育的な側面，倫理的な側面，医学的な側面からイギリスと日本のアスリートとの間で比較を行った結果，質問7.1，質問7.5の項目で有意差があった。またこの2項目に関しては，アスリートへの教育的な側面が大きく影響しアンチ・ドーピング教育を通してのスポーツの価値に対する質問であり，両国のアスリートでは回答の分布でも明らかな差が認められた。具体的には，イギリスのアスリートは，ドーピング行為に関しては意見が分かれたが，ドーピングが柔道の価値を下げることに関しては理解している。一方，日本ではドーピング行為は反対であるとしているが，ドーピングが柔道の価値を下げることに関しては，十分理解されていなかった。2015年にCodeが改定され，これまで以上にアンチ・ドーピング教育の重要性があげられている状況を考えれば，トップアスリートだけではなく全てのアスリートに理解されるべきである。アンチ・ドーピング教育の根本であるスポーツの価値においての教育的側面についても共通の理解をすべき点である。スポーツのインテグリティを思考するアンチ・ドーピング教育は，スポーツを通した社会の発展であり，世界共通の認識として様々なレベルのアスリートが共通の認識をすべきことである。

　スポーツを通した教育に関しては，第5章の対象者が柔道アスリートであることから，柔道の教育的側面について述べる。嘉納は柔道を通しての教育意義について"教育の事　天下これより偉なるはなし一人の徳教広く万人に加わり　一世の化育遠く百世に及ぶ"（村田，2001），また嘉納はスポーツによる国際教育としてオリンピック理念と，武道・柔道的な考えとの融合を考えていたと述べられている（日本オリンピックアカデミー，2008）。

　オリンピズムの根本原則では，"オリンピズムは肉体と意志と精神のすべ

ての資質を高め，バランスよく結合させる生き方の哲学である。オリンピズムはスポーツを文化，教育と融合させ，生き方の創造を深求するものである"（Intenational Olympic Committee, 2013）と，述べている。

国際オリンピック委員会の倫理規定においても"スポーツ組織は予防及び教育を通じて，アスリートをドーピングから守らなければならない"（Intenational Olympic Committee, 2012）と，述べている。また公正さとフェアプレーについても以下のように述べている。"フェアプレーはスポーツの精神である。スポーツと友情の価値が推進されなければならない"。

すなわち質問7.1，質問7.5の項目であるイギリスのアスリートは，ドーピングの是非に関しては意見が分かれたが，ドーピングが柔道の価値を下げると考えているものが最も多かった。一方，日本のアスリートではドーピングの是非に関しては否定的なものが最も多かったが，ドーピングが柔道の価値を下げることに関しては回答が分散した。また両国とも回答に講習会の受講の有無は関与しなかった。スポーツにおける競技でのフェアに戦うことの場面と，スポーツが本来持っているスポーツの価値やスポーツの精神に関して，同じ認識としての理解が両国のアスリートともに十分ではないと考える。

したがって多くのアスリートは競技力向上やスポーツキャリアの成功を強く望んでいる中で，アンチ・ドーピングとスポーツの価値や精神といった教育が同じ認識として捉えることが出来る内容で情報を提供する必要がある。東洋と西洋の比較文化から多文化心理（直井, 2010）におけるモチベーションや，ドーピング使用を認めたアスリートの心理的要素（Kirby et al., 2011）など，心理的な要因や文化的なスポーツ背景の違いなどを取り入れる必要がある。また全てのレベルのアスリートに対して"競技場面での公平・公正性"のフェアプレーと"スポーツの本来持っている価値"のインテグリティにおける両面からのアプローチを行うアンチ・ドーピング教育の枠組みが必要であると考える。

5-5. 結論

　アンチ・ドーピングに関する調査研究では，アスリートを対象とした国別の理解の比較はこれまで報告されていない。第5章では，日本とイギリスの柔道アスリートにおけるアンチ・ドーピングに関する意識調査を実施した結果，両国においてアンチ・ドーピング機構の存在は理解されていたが，アンチ・ドーピングの教育的な側面に対する理解は異なった結果となった。多くのアスリートは競技力向上を強く望んでいるなかで，スポーツにおけるフェアに戦う競技場面と，スポーツが本来持っている価値や精神との考えの理解を深めながら，アンチ・ドーピングと柔道の価値に関連があるように情報を提供する必要がある。

第6章　日本とイギリスの柔道コーチにおける
アンチ・ドーピングに関する意識調査

6-1. 諸言

　アスリートは，競技会において競技で定められたルールに則り勝敗を決める。しかしアスリートにとっての貴重な勝利，そして歴史に残る勝負を一瞬にして汚す問題としてドーピングがあり，これは世界中で戦うべきスポーツ界の問題である。WADAは，世界統一ルールとして世界アンチ・ドーピング規程（世界規程）を定めている。世界規程の目標は，「スポーツの精神」と呼ばれる「スポーツ固有の価値を保護する」ことである。これはオリンピズムの真髄でもある。また，世界規程では，各人に自然に備わった才能を磨き上げることを通じ，人間の卓越性を追求することで「プレイ・トゥルー」の精神を実現するとある（World Anti-Doping Agency, 2015）。第4回アンチ・ドーピング世界会議（Johannesburg Declaration 2013）におけるトーマス・バッハIOC会長のオープニングスピーチでは「アンチ・ドーピングとは，我われのスポーツの未来への投資である。スポーツの未来は，アンチ・ドーピング活動の成功に掛かっている。」（Japan Anti-Doping Agency, 2014）と述べている。つまり，いかなる競技においても競技ルールを理解し参加することだけでは競技の成立は難しく，アンチ・ドーピング教育を通してアスリート，コーチ，サポートスタッフ等がスポーツの価値や倫理観について世界共通の認識を持つことで，ただしいスポーツのあり方となると言える。

　明治15年に嘉納治五郎によって創始された柔道は単なる技術の習得だけではなく，体育，勝負，修心の3つを目的とした教育として生まれた。嘉納の

述べた言葉に「順道制勝」がある。勝にしても道に随って勝ち，負けるにしても道に随って負けろと現されており，人間形成の道，すなわち教育的観点が柔道の修行に強調されている（Kodokan, 2000）。まさに嘉納の指導原理である「順道制勝」精神は，スポーツ固有の価値を保護する「プレイ・トゥルー」の精神と共通する部分があると考える。

　一人のアスリートは，様々な立場の人によってサポートされ競技している。アスリートに対し影響力をあたえる者は年代により様々であるが，第3章でも明らかになっているジュニア期のアスリートがスポーツから得られる満足に関する要因は，家族でありコーチであることが考えられる。いずれの世代でもいえることは，コーチの影響力が大きいことである（Japan Anti-Doping Agency, 2010）。したがって，アスリートに限らずコーチがスポーツ固有の価値である「プレイ・トゥルー」の精神を実現するための教育と情報を理解する必要がある。アンチ・ドーピングに関する意識調査は多数あるが，いずれも学生やアスリートを対象とした意識調査（Kondo & Hasegawa, 2005, 2007, 2008; Watanabe, 2010）や国内に限られた研究が多く，コーチを対象とした研究や各国間の比較は少ない。

　そこで，同一競技におけるコーチに対してアンチ・ドーピングに関する認識や理解度を明らかにすることを目的とし，本研究は，アンチ・ドーピングにおける「プレイ・トゥルー」の精神と類似の考え方の「自他共栄」精神を基本とする二か国の柔道のコーチを対象に，アンチ・ドーピングに関する意識調査を実施した。

6-2. 対象と方法

6-2-1. 対象

　本調査は，調査時にイギリス及び日本において柔道クラブ等で実際に指導

を行っているコーチを対象に行った。イギリスは，イギリス柔道連盟認定のコーチ資格を持った柔道クラブで指導している柔道コーチ74名を対象とした。日本は，全日本柔道連盟認定のコーチ資格を持った柔道コーチ66名を対象とした。

6-2-2. 調査方法

　各国におけるアンケート調査は，イギリスでは2012年11月に，日本では2014年5月に同一の調査内容の用紙を用いて実施した。なお，調査用紙はそれぞれ英語と日本語で作成した。イギリスでの調査は，イギリス柔道連盟が中心となりメールや研修会等を活用し調査用紙を配布し，メールや研修会時に回収した。日本ではコーチの講習会で実施し，その場で回収する形式をとった。調査内容は選択肢を用いた形式で行い回答は無記名とした。本研究では，調査紙の中から関連する質問項目のみについて解析を行い，検討を行った。質問は，Q1現在の年齢，Q2性別，Q3柔道の経験年数といった調査対象者の基礎項目とアンチ・ドーピングに関係する内容の10設問で構成した。質問内容はドーピングに対する考え方について社会的な側面，教育的な側面，倫理的な側面，医学的な側面からなる10設問で構成し，回答方法は5段階「1.強くそう思わない」「2.そう思わない」「3.わからない」「4.そう思う」「5.強くそう思う」のいずれかより選択してもらった。

　アンケート調査の解析には，各国間の比較とイギリス国内の比較を行った。各解析にあたり，全てのイギリスコーチ（UK_ALL群），全ての日本コーチ（JPN_ALL群）とした。さらにアンチ・ドーピングに関する講習の受講の有無でイギリスコーチをさらに分け，講習を1回以上受けた群（UK_Y群）と，講習を一度も受けたことがない群（UK_N群）とした。ただしJPN_ALL群においては，講習を一度も受けたことがない群は3名であった為，講習を1回以上受けたコーチ群（JPN_Y群）のみを対象とし解析を行った。日本語アンケートは早稲田大学「人を対象とする研究倫理審査」，英語アンケートはラフバ

ラ大学（イギリス），Ethics Approvals（Human Participants）Sub-Committee にて承認されている。

6-2-3. 統計解析

全ての統計処理には，SPSS Statistics 21 for Windows（SPSS Japan Inc. 東京）を用い，質問Q４－Q５に関してはカイ２乗（χ^2）検定，質問Q７に関してはマン・ホイットニーのU検定でノンパラメトリック多重比較検定も行った。各結果の有意水準は５％とした。

6-3. 結果

質問１「現在の年齢」については，UK_ALL群は74名であり，年齢は47.0±10.2歳であった。JPN_ALL群は66名であり，年齢は50.3±8.4歳であった。UK_ALL群とJPN_ALL群との間には有意差が認められ，JPN_ALL群の年齢が有意に高かった。

質問２「性別」については，UK_ALL群は74名中男性が62名，女性が12名であった。JPN_ALL群においては66名中男性が64名，女性が２名であった。

質問３「柔道経験年数」に関する質問では，UK_ALL群の経験年数は31.1±11.7年であった。JPN_ALL群の経験年数は39.0±8.3年であった。UK_ALL群とJPN_ALL群との間には有意差が認められなかった。

質問４「自国のアンチ・ドーピング機構（NADO）を知っていますか？」については，UK_ALL群では，UKアンチ・ドーピング機構（UKAD）を知っていると答えたコーチは69名（93.2%）であり，知らないと答えたコーチは５名（6.8%）であった。JPN_ALL群では，日本アンチ・ドーピング機構（JADA）を知っていると答えたコーチは58名（87.9%）であり，知らないと答えたコーチは８名（12.1%）であった。また，UK_ALL群とJPN_ALL群との間には有

意差が認められなかった。またイギリスのアンチ・ドーピングに関する講習を受けた群（UK_Y群）と講習を受けなかった群（UK_N群）との間で比較を行った。UK_Y群では，UKアンチ・ドーピング機構（UKAD）を知っていると答えたコーチは25名（89.3%），知らないと答えたコーチは3名（10.7%）であった。UK_N群では，UKアンチ・ドーピング機構（UKDA）を知っていると答えたコーチは44名（95.7%），知らないと答えたコーチは2名（4.3%）であり，UK_Y群とUK_N群との間には有意差が認められた（Table 6-1）。

質問5「世界アンチ・ドーピング機構（WADA）を知っていますか？」については，UK_ALL群では，世界アンチ・ドーピング機構（WADA）を知っていると答えたコーチは56名（75.7%）であり，知らないと答えたコーチは18名（24.3%）であった。JPN_ALL群では，知っていると答えたコーチは50名（75.8%）であり，知らないと答えたコーチは16名（24.2%）であり，両群の間には有意差が認められなかった。またイギリスのアンチ・ドーピングに関する講習を受けた群（UK_Y群）と講習を受けなかった群（UK_N群）との間で比較を行った。UK_Y群では，世界アンチ・ドーピング機構（WADA）を知っていると答えたコーチは25名（89.3%），知らないと答えたコーチは3名

Table 6-1.

		Yes	No	P
Q4. 自国のアンチ・ドーピング機構（NADO）を知っていますか？	UK_ALL	69 (93.2%)	5 (6.8%)	n.s.
	JPN_ALL	58 (87.9%)	8 (12.1%)	
Q5. 世界アンチ・ドーピング機構（WADA）を知っていますか？	UK_ALL	56 (75.7%)	18 (24.3%)	n.s.
	JPN_ALL	50 (75.8%)	16 (24.2%)	

$n=74$ (UK_ALL)　$n=66$ (JPN_ALL)

		Yes	No	P
Q4. 自国のアンチ・ドーピング機構（NADO）を知っていますか？	UK_Y	25 (89.3%)	3 (10.7%)	n.s.
	UK_N	44 (95.7%)	2 (4.3%)	
Q5. 世界アンチ・ドーピング機構（WADA）を知っていますか？	UK_Y	25 (89.3%)	3 (10.7%)	$P<.01$
	UK_N	31 (67.4%)	15 (32.6%)	

$n=28$ (UK_Y)　$n=46$ (UK_N)

(10.7%）であった．UK_N群では，世界アンチ・ドーピング機構（WADA）を知っていると答えたコーチは31名（67.4%)，知らないと答えたコーチは15名（32.6%）であり，UK_Y群とUK_N群との間には有意差が認められた（Table 6-1）。

質問6「どのくらいの頻度でアンチ・ドーピングに関するセミナーや講義をうけた事がありますか？」については，UK_ALL群では46名（62.2%）が「1回も受けたことが無い」，また20名（27.0%）が「今までに1回だけ」という回答が多かった。しかし，JPN_ALL群では，26名（39.4%）が「年に1回程度」，また22名（33.3%）が「2～3年に1回程度」という回答が多く，「1回も受けたことが無い」との回答は3名（4.6%）のみであった（Table 6-2）。

質問7ではドーピングに対する考え方について社会的な側面，教育的な側面，倫理的な側面，医学的な側面から構成した10の設問に対して，それぞれUK_ALL群とJPN_ALL群との間で比較を行った（Table 6-3）。

質問7.1「ドーピングを認めるべきである」については，UK_ALL群では，41名（55.4%）が「1. 強くそう思わない」，31名（41.9%）が「5. 強くそう思う」に分かれたのに対してJPN_ALL群では，49名（74.2%）が「1. 強くそう思わない」といった回答をした。しかし，「5. 強くそう思う」も9名（13.6%）とわずかながら回答しており，UK_ALL群とJPN_ALL群との間には有意が認められた。

質問7.2「ドーピングはフェアプレーの精神に反する」，質問7.3「ドーピ

Table 6-2.

Q6. どのくらいの頻度でアンチ・ドーピングに関するセミナーや講義をうけた事がありますか？

	1回も受けたことが無い	今までに1回だけ	月に1回	年に2回程度	年に1回程度	2～3年に1回程度	P
UK_ALL	46 62.2%	20 27.0%	0 0.0%	1 1.4%	4 5.4%	3 4.1%	$P<.01$
JPN_ALL	3 4.6%	14 21.2%	0 0.0%	1 1.5%	26 39.4%	22 33.3%	

第6章 日本とイギリスの柔道コーチにおけるアンチ・ドーピングに関する意識調査　81

Table 6-3.

Q7 UK_ALL and JPN_ALL		1. 強くそう思わない (n)	2. そう思わない	3. わからない	4. そう思う	5. 強くそう思う	M: Median	P
Q7.1 ドーピングを認めるべきである	UK_ALL	41 55.4%	0 0.0%	0 0.0%	2 2.7%	31 41.9%	1.0	P<.05
	JPN_ALL	49 74.2%	3 4.5%	2 3.0%	3 4.5%	9 13.6%	1.0	
Q7.2 ドーピングはフェアプレーの精神に反する	UK_ALL	9 12.2%	2 2.7%	1 1.4%	5 6.8%	57 77.0%	5.0	n.s.
	JPN_ALL	6 9.1%	0 0.0%	0 0.0%	7 10.6%	53 80.3%	5.0	
Q7.3 ドーピングは反社会的行為である	UK_ALL	8 10.8%	5 6.8%	7 9.5%	7 9.5%	47 63.5%	5.0	n.s.
	JPN_ALL	5 7.6%	2 3.0%	1 1.5%	11 16.7%	47 71.2%	5.0	
Q7.4 ドーピングはアスリートの健康を害する	UK_ALL	6 8.1%	0 0.0%	6 8%	14 18.9%	48 64.9%	5.0	n.s.
	JPN_ALL	6 9.0%	0 0.0%	1 1.5%	10 15.1%	49 74.2%	5.0	
Q7.5 ドーピングは柔道の価値をそこなう	UK_ALL	6 8.1%	1 1.4%	2 2.7%	6 8.1%	59 79.7%	5.0	n.s.
	JPN_ALL	6 9.0%	1 1.5%	0 0.0%	9 13.6%	50 75.8%	5.0	
Q7.6 ドーピングは柔道の競技力を向上させる	UK_ALL	13 17.6%	5 6.8%	14 18.9%	21 28.4%	21 28.4%	4.0	P<.05
	JPN_ALL	39 59.1%	11 16.7%	9 13.6%	2 3.0%	5 7.6%	1.0	
Q7.7 スポーツをすることの意義は勝利である	UK_ALL	29 39.2%	34 45.9%	6 8.1%	2 2.7%	3 4.1%	2.0	n.s.
	JPN_ALL	22 33.3%	34 51.5%	4 6.0%	5 7.6%	1 1.5%	2.0	
Q7.8 勝利するためならドーピングをしてよい	UK_ALL	58 78.4%	6 8.1%	1 1.4%	1 1.4%	8 10.8%	1.0	n.s.
	JPN_ALL	58 87.9%	7 10.6%	0 0.0%	0 0.0%	1 1.5%	1.0	
Q7.9 サプリメントや医薬品にドーピング禁止物質が含まれている可能性があることを知っている	UK_ALL	5 6.8%	2 3%	30 40.5%	22 29.7%	15 20.3%	3.5	P<.05
	JPN_ALL	1 1.5%	1 1.5%	11 16.7%	32 48.5%	21 31.8%	4.0	
Q7.10 アンチ・ドーピングとスポーツの価値とは同じであると信じている	UK_ALL	3 4.0%	7 10%	16 22%	12 16.2%	36 48.6%	4.0	n.s.
	JPN_ALL	1 1.5%	0 0.0%	8 12.1%	24 36.4%	33 50.0%	4.5	

$n=74$（UK_ALL）　$n=66$（JPN_ALL）

ングは反社会的行為である」，質問7.4「ドーピングはアスリートの健康を害する」，質問7.5「ドーピングは柔道の価値をそこなう」のすべての項目ではUK_ALL群とJPN_ALL群ともに「5.強くそう思う」という回答が最も多く，いずれもUK_ALL群とJPN_ALL群との間には有意差は認められなかった。

質問7.6「ドーピングは柔道の競技力を向上させる」については，UK_ALL群では，21名（28.4%）が「4.そう思う」，21名（28.4%）が「5.強くそう思う」と質問に賛同する回答が半数以上を占めたことに対してJPN_ALL群では，半数以上の39名（59.1%）が「1.強くそう思わない」と回答し，両群には有意が認められた。

質問7.7「スポーツをすることの意義は勝利である」については，UK_ALL群が34名（45.9%）とJPN_ALL群34名（51.5%）が「2.そう思わない」と回答し両群との間には有意な関連は認められなかった。

質問7.8「勝利するためならドーピングをしてよい」についてはUK_ALL群58名（78.4%）とJPN_ALL群58名（87.9%）が「1.強くそう思わない」と回答し，両群との間には有意な関連が認められなかった。

質問7.9「サプリメントや医薬品にドーピング禁止物質が含まれている可能性があることを知っている」については，UK_ALL群では，30名（40.5%）が「3.わからない」と回答したことに対して，JPN_ALL群では32名（48.5%）が「4.そう思う」，21名（31.8%）が「5.強くそう思う」と回答し，両群との間には有意な関連が認められた。

質問7.10「アンチ・ドーピングとスポーツの価値とは同じであると信じている」の項目では「5.強くそう思う」といった回答がUK_ALL群36名（48.6%）とJPN_ALL群33名（50.0%）と各国の回答のなかで最も多かった。両群との回答の割合には差があるが，UK_ALL群とJPN_ALL群との間には有意な関連が認められなかった。

また質問7の10設問に対してUK_Y群とJPN_Y群との間でも比較を行った（Table 6-4）。

第6章 日本とイギリスの柔道コーチにおけるアンチ・ドーピングに関する意識調査

Table 6-4.

Q7 UK_Y and JPN_Y		1. 強くそう思わない (n)	2. そう思わない	3. わからない	4. そう思う	5. 強くそう思う	M: Median	P
Q7.1 ドーピングを認めるべきである	UK_Y	14 50.0%	0 0.0%	0 0.0%	0 0.0%	14 50.0%	3.0	$P<.05$
	JPN_Y	48 76.2%	3 4.8%	1 1.6%	3 4.8%	8 12.7%	1.0	
Q7.2 ドーピングはフェアプレーの精神に反する	UK_Y	4 14.3%	1 3.6%	1 3.6%	2 7.1%	20 71.4%	5.0	n.s.
	JPN_Y	6 9.5%	0 0.0%	0 0.0%	7 11.1%	50 79.4%	5.0	
Q7.3 ドーピングは反社会的行為である	UK_Y	3 10.7%	2 10.7%	2 10.7%	1 3.6%	20 71.4%	5.0	n.s.
	JPN_Y	5 7.9%	2 3.2%	1 1.6%	11 17.5%	44 69.8%	5.0	
Q7.4 ドーピングはアスリートの健康を害する	UK_Y	2 10.7%	0 0.0%	1 4%	5 17.9%	20 71.4%	5.0	n.s.
	JPN_Y	6 9.5%	0 0.0%	1 1.6%	10 15.9%	46 73.0%	5.0	
Q7.5 ドーピングは柔道の価値をそこなう	UK_Y	1 3.6%	0 0.0%	2 10.7%	0 0.0%	25 89.3%	5.0	n.s.
	JPN_Y	6 9.5%	1 1.6%	0 0.0%	9 9.5%	47 74.6%	5.0	
Q7.6 ドーピングは柔道の競技力を向上させる	UK_Y	6 21.4%	1 3.6%	5 17.9%	8 28.6%	8 28.6%	4.0	$P<.05$
	JPN_Y	37 58.7%	10 15.9%	9 14.3%	2 3.2%	5 7.9%	1.0	
Q7.7 スポーツをすることの意義は勝利である	UK_Y	11 39.3%	13 46.4%	3 10.7%	1 3.6%	0 0.0%	2.0	n.s.
	JPN_Y	20 31.7%	34 54.0%	3 4.8%	5 7.9%	1 1.6%	2.0	
Q7.8 勝利するためならドーピングをしてよい	UK_Y	22 78.6%	2 10.7%	0 0.0%	1 3.6%	3 10.7%	1.0	n.s.
	JPN_Y	55 87.3%	7 11.1%	0 0.0%	0 0.0%	1 1.6%	1.0	
Q7.9 サプリメントや医薬品にドーピング禁止物質が含まれている可能性があることを知っている	UK_Y	3 10.7%	1 3.6%	7 25.0%	13 46.4%	4 14.3%	4.0	$P<.05$
	JPN_Y	1 1.6%	1 1.6%	9 14.3%	31 49.2%	21 33.3%	4.0	
Q7.10 アンチ・ドーピングとスポーツの価値とは同じであると信じている	UK_Y	1 3.6%	5 17.9%	4 14.3%	3 10.7%	15 53.6%	5.0	n.s.
	JPN_Y	1 1.6%	0 0.0%	7 11.1%	23 36.5%	32 50.8%	5.0	

$n=28$ (UK_Y) $n=63$ (JPN_Y)

質問7.1「ドーピングを認めるべきである」については，UK_Y群は，14名（50%）が「1.強くそう思わない」，14名（50%）が「5.強くそう思う」と均等に回答が分散したことに対してJPN_Y群では，48名（76.2%）が「1.強くそう思わない」と最も多い回答であり，UK_Y群とJPN_Y群との間には有意差が認められた。

　質問7.2「ドーピングはフェアプレーの精神に反する」，質問7.3「ドーピングは反社会的行為である」，質問7.4「ドーピングはアスリートの健康を害する」，質問7.5「ドーピングは柔道の価値をそこなう」のすべての項目ではUK_Y群とJPN_Y群ともに「5.強くそう思う」という回答が最も多く，いずれもUK_Y群とJPN_Y群との間には有意差は認められなかった。

　質問7.6「ドーピングは柔道の競技力を向上させる」については，UK_Y群では，8名（28.6%）が「4.そう思う」，8名（28.6%）が「5.強くそう思う」に分かれたのに対してJPN_Y群では，37名（58.7%）が「1.強くそう思わない」と回答し両群には有意差が認められた。

　質問7.7「スポーツをすることの意義は勝利である」については，UK_Y群が13名（46.4%）とJPN_Y群34名（54.0%）が「2.そう思わない」と回答し，両群との間には有意差は認められなかった。

　質問7.8「勝利するためならドーピングをしてよい」についてはUK_Y群22名（78.6%）とJPN_Y群55名（87.3%）が「1.強くそう思わない」と回答し，両群との間には有意差は認められなかった。

　質問7.9「サプリメントや医薬品にドーピング禁止物質が含まれている可能性があることを知っている」については，UK_Y群では，7名（25.0%）が「3.わからない」，13名（46.4%）が「4.そう思う」と回答したことに対してJPN_Y群では，31名（49.2%）が「4.そう思う」，21名（33.3%）が「5.強くそう思う」と回答し両群との間には有意差が認められた。

　質問7.10「アンチ・ドーピングとスポーツの価値とは同じであると信じている」の項目では「5.強くそう思う」といった回答がUK_Y群15名（53.6%）と

JPN_Y群32名（50.8%）ともに最も多かった。UK_Y群とJPN_Y群との間には有意差は認められなかった。

さらに質問7に対してUK_Y群とUK_N群との間においても比較を行った（Table 6-5）。UK_Y群の結果については，前述のUK_Y群とJPN_Y群の比較と同様の結果となる。

質問7.1「ドーピングを認めるべきである」については，UK_N群でも，27名（58.7%）が「1.強くそう思わない」，17名（37.0%）が「5.強くそう思う」といった回答であった。UK_Y群とUK_N群との間には有意差は認められなかった。

質問7.2「ドーピングはフェアプレーの精神に反する」，質問7.3「ドーピングは反社会的行為である」，質問7.4「ドーピングはアスリートの健康を害する」，質問7.5「ドーピングは柔道の価値をそこなう」のすべての項目ではUK_Y群とUK_N群ともに「5.強くそう思う」という回答が最も多く，いずれもUK_Y群とUK_N群との間には有意差は認められなかった。

質問7.6「ドーピングは柔道の競技力を向上させる」については，UK_N群は，13名（28.3%）が「4.そう思う」，8名（28.6%）が「5.強くそう思う」と回答が分散し，両群には有意差が認められなかった。

質問7.7「スポーツをすることの意義は勝利である」については，UK_N群は18名（39.1%）が「1.強くそう思わない」，21名（45.7%）が「2.そう思わない」と回答し，両群との間には有意差は認められなかった。

質問7.8「勝利するためならドーピングをしてよい」についてはUK_N群36名（78.3%）が「1.強くそう思わない」と回答し，両群との間には有意差は認められなかった。

質問7.9「サプリメントや医薬品にドーピング禁止物質が含まれている可能性があることを知っている」については，UK_N群は，23名（50.0%）が「3.わからない」と最も多く回答し，両群との間には有意差は認められなかった。

Table 6-5.

Q7 UK_Y and UK_N		1. 強くそう思わない (n)	2. そう思わない	3. わからない	4. そう思う	5. 強くそう思う	M: Median	P
Q7.1 ドーピングを認めるべきである	UK_Y	14 50.0%	0 0.0%	0 0.0%	0 0.0%	14 50.0%	3.0	n.s.
	UK_N	27 58.7%	0 0.0%	0 0.0%	2 4.3%	17 37.0%	1.0	
Q7.2 ドーピングはフェアプレーの精神に反する	UK_Y	4 14.3%	1 3.8%	1 3.8%	2 7.1%	20 71.4%	5.0	n.s.
	UK_N	5 10.9%	1 2.2%	0 0.0%	3 6.5%	37 80.4%	5.0	
Q7.3 ドーピングは反社会的行為である	UK_Y	3 10.7%	2 7.1%	2 7.1%	2 7.1%	20 71.4%	5.0	n.s.
	UK_N	5 10.9%	3 6.5%	5 10.9%	6 13.0%	27 58.7%	5.0	
Q7.4 ドーピングはアスリートの健康を害する	UK_Y	2 7.1%	0 0.0%	1 4%	5 17.9%	20 71.4%	5.0	n.s.
	UK_N	4 8.7%	0 0.0%	5 10.9%	9 19.6%	28 60.9%	5.0	
Q7.5 ドーピングは柔道の価値をそこなう	UK_Y	1 3.8%	0 0.0%	2 7.1%	0 0.0%	25 89.3%	5.0	n.s.
	UK_N	5 10.9%	1 2.2%	0 0.0%	6 13.0%	34 73.9%	5.0	
Q7.6 ドーピングは柔道の競技力を向上させる	UK_Y	6 21.4%	1 3.8%	5 17.9%	8 28.6%	8 28.6%	4.0	n.s.
	UK_N	7 15.2%	4 8.7%	9 19.6%	13 28.3%	13 28.3%	4.0	
Q7.7 スポーツをすることの意義は勝利である	UK_Y	11 39.3%	13 46.4%	3 10.7%	1 3.8%	0 0.0%	2.0	n.s.
	UK_N	18 39.1%	21 45.7%	3 6.5%	1 2.2%	3 6.5%	2.0	
Q7.8 勝利するためならドーピングをしてよい	UK_Y	22 78.6%	2 7.1%	0 0.0%	1 3.8%	3 10.7%	1.0	n.s.
	UK_N	36 78.3%	4 8.7%	1 2.2%	0 0.0%	5 10.9%	1.0	
Q7.9 サプリメントや医薬品にドーピング禁止物質が含まれている可能性があることを知っている	UK_Y	3 10.7%	1 4%	7 25%	13 46.4%	4 14.3%	4.0	n.s.
	UK_N	2 4.3%	1 2.2%	23 50.0%	9 19.6%	11 23.9%	3.0	
Q7.10 アンチ・ドーピングとスポーツの価値とは同じであると信じている	UK_Y	1 3.8%	5 18%	4 14%	3 10.7%	15 53.6%	5.0	n.s.
	UK_N	2 4.3%	2 4.3%	12 26.0%	9 19.6%	21 45.7%	4.0	

n = 28 (UK_Y)　n = 46 (UK_N)

質問7.10「アンチ・ドーピングとスポーツの価値とは同じであると信じている」の項目では「5. 強くそう思う」といった回答がUK_Y群15名（53.6%）とUK_N群21名（45.7%）ともに最も多かった。また，UK_Y群とUK_N群との間には有意差は認められなかった。

さらに質問7の10設問に対して，Table 6-3から6-5までの回答をイギリスのUK_ALL群，UK_Y群，UK_N群と日本のJPN_ALL群，JPN_Y群で分布を示した（Table 6-6）。

質問7.1「ドーピングを認めるべきである」については，イギリスのUK_ALL群，UK_Y群，UK_N群では肯定と否定の2極に分布し，日本のJPN_ALL群，JPN_Y群，では否定に分布していた。

質問7.2「ドーピングはフェアプレーの精神に反する」については，イギリスと日本のすべての群において肯定に分布していた。

質問7.3「ドーピングは反社会的行為である」については，イギリスと日本のすべての群において肯定に分布していた。

質問7.4「ドーピングはアスリートの健康を害する」については，イギリスと日本のすべての群において肯定に分布していた。

質問7.5「ドーピングは柔道の価値をそこなう」については，イギリスと日本のすべての群において肯定に分布していた。

質問7.6「ドーピングは柔道の競技力を向上させる」については，イギリスのUK_ALL群，UK_Y群，UK_N群では否定から肯定までに分散，日本のJPN_ALL群，JPN_Y群において否定に分布していた。

質問7.7「スポーツをすることの意義は勝利である」については，イギリスと日本のすべての群において否定に分布していた。

質問7.8「勝利するためならドーピングをしてよい」については，イギリスと日本のすべての群において否定に分布していた。

質問7.9「サプリメントや医薬品にドーピング禁止物質が含まれている可能性があることを知っている」については，イギリスのUK_ALL群，UK_Y

Table 6-6.

Q7.1 ドーピングを認めるべきである

対象群	UK_ALL	UK_Y	UK_N	JPN_ALL	JPN_Y	JPN_N
コーチ	肯否 ①	肯否 ②	肯否	否 ①	否 ②	—

Q7.2 ドーピングはフェアプレーの精神に反する

対象群	UK_ALL	UK_Y	UK_N	JPN_ALL	JPN_Y	JPN_N
コーチ	肯	肯	肯	肯	肯	

Q7.3 ドーピングは反社会的行為である

対象群	UK_ALL	UK_Y	UK_N	JPN_ALL	JPN_Y	JPN_N
コーチ	肯	肯	肯	肯	肯	—

Q7.4 ドーピングはアスリートの健康を害する

対象群	UK_ALL	UK_Y	UK_N	JPN_ALL	JPN_Y	JPN_N
コーチ	肯	肯	肯	肯	肯	

Q7.5 ドーピングは柔道の価値をそこなう

対象群	UK_ALL	UK_Y	UK_N	JPN_ALL	JPN_Y	JPN_N
コーチ	肯	肯	肯	肯	肯	—

Q7.6 ドーピングは柔道の競技力を向上させる

対象群	UK_ALL	UK_Y	UK_N	JPN_ALL	JPN_Y	JPN_N
コーチ	分散 ①	分散 ②	分散	否 ①	否 ②	—

Q7.7 スポーツをすることの意義は勝利である

対象群	UK_ALL	UK_Y	UK_N	JPN_ALL	JPN_Y	JPN_N
コーチ	否	否	否	否	否	

Q7.8 勝利するためならドーピングをしてよい

対象群	UK_ALL	UK_Y	UK_N	JPN_ALL	JPN_Y	JPN_N
コーチ	否	否	否	否	否	—

Q7.9 サプリメントや医薬品にドーピング禁止物質が含まれている可能性があることを知っている

対象群	UK_ALL	UK_Y	UK_N	JPN_ALL	JPN_Y	JPN_N
コーチ	わからない肯 ①	わからない肯 ②	わからない肯	肯 ①	肯 ②	—

Q7.10 アンチ・ドーピングとスポーツの価値とは同じであると信じている

対象群	UK_ALL	UK_Y	UK_N	JPN_ALL	JPN_Y	JPN_N
コーチ	肯	肯	わからない肯	肯	肯	—

肯：肯定に分布している場合
否：否定に分布している場合
分散：肯定から否定までに分散している場合
肯否：肯定と否定の二極に分かれている場合
わからない肯：わからないと肯定の二極に分かれている場合

①，②は各設問内で群間に有意差を認めたもの

① UK_ALL and JPN_ALL
② UK_Y and JPN_Y

群，UK_N群では，わからないと肯定の2極に分布，日本のJPN_ALL群，JPN_Y群では，肯定に分布していた。

質問7.10「アンチ・ドーピングとスポーツの価値とは同じであると信じている」については，UK_ALL群，UK_Y群では肯定に分布，UK_N群では，わからないと肯定の2極に分布，JPN_ALL群，JPN_Y群では肯定に分布していた。

6-4. 考察

第6章では，イギリス及び日本において柔道クラブ等で実際に指導を行っているコーチを対象に「アンチ・ドーピングに関する意識のアンケート調査」を実施し，イギリスと日本の柔道コーチのアンチ・ドーピング教育に関する実態を明らかにすることを目的とした。

質問1～3の調査対象者の基礎項目では，対象者の年齢で両国の間に有意差が認められたが，性別については男性が多く，柔道経験平均年数では30年程度の経験があり，両国の間に有意差が認められなかった。いずれの国においても対象者は，豊富な柔道経験をもち，柔道に理解を示しているコーチが対象になっていると考えられる。したがって，両国から得られた結果に対して，性別や柔道経験年数の違いは大きく影響しないと考えられることから，本研究の結果について両国間の比較検討を行った。

まず，アンチ・ドーピングの基本となるルールを定める機関の存在について質問した。質問4～5においては，UK_ALL群とJPN_ALL群ともにWADA及び各国のNADOの存在については高い理解を示し，アンチ・ドーピング機関の存在を理解していることが確認できた。しかし，認知度は，NADOの方がWADAよりも両群において高い値を示しており，「知っている」と回答した対象者の中には，アンチ・ドーピング機構の統括機関であるWADAの存在を知らないものもいることが明らかとなった。これらの情報

をコーチが取得する場としてアンチ・ドーピングに関するセミナーや講義が考えられる。セミナーなどの受講経験を質問した質問6では，JPN_ALL群は，95.5%のコーチがアンチ・ドーピングに関するセミナーや講義を受けたことがあるが，UK_ALL群では，46名（62.2%）と半数以上のコーチが1回もセミナーや講義を受けた事がない状況が明らかとなった。本研究から両国におけるコーチに対するアンチ・ドーピング研修の受講機会に差があることが明らかとなった。しかし，質問4と5からは，両国のコーチの多くがアンチ・ドーピングを取り纏める機関があることを理解していることから，日本においては，アンチ・ドーピングセミナー等の受講によりWADAやNADOの存在について情報を入手したことが推察される。しかし，イギリスにおいては，これらの情報の入手手段については，セミナー以外の手段がある可能性が考えられる。また，UKの調査用紙は，日本語と同等の内容で作成したが，UKのコーチが調査の際に考えたアンチ・ドーピングセミナーが，JPNのコーチが受講しているセミナーと同じ形態のセミナーであったかについては不明瞭である。UKのSports Coach UKにおいては，コーチ資格を持つためにイギリスのアンチ・ドーピング機構（UKAD）の'Coaching Clean' UKAD on-line education moduleというWEBを活用した研修を行うことを推奨している（UK Anti-Doping and Sports Coach UK, 2015）。日本においても同様に日本のアンチ・ドーピング機構（JADA）のWEBでのアンチ・ドーピング教育教材があり（Japan Anti-Doping Agency, 2015a），日本の柔道連盟においても同様のシステムを推奨している。この点については，両国ともコーチ資格を取得するためにシステムを推奨しているため，コーチ達のアンチ・ドーピング教育は同等の研修が行われていると推察される。しかし，日本では，都道府県をあげて開催される国民体育大会（国体）があり，地域においては毎年開催される国体にあわせて都道府県体育協会とJADAが連携してアンチ・ドーピングに関する情報提供や講習会などを開催しているため，コーチは各地域において研修を受ける機会もイギリスと比較して多いと考えられ

る。特に2002年からは日本体育協会と都道府県体育協会とが連携してアンチ・ドーピングに関する情報提供を実施しているため，トップレベルの競技者を指導しているコーチに限らず，地域で指導しているコーチもアンチ・ドーピングに関する情報を得る機会がある（日本スポーツ協会, 2015）。また，2015年和歌山国体においては国内初の取り組みとして（Japan Anti-Doping Agency, 2015b），都道府県内の各競技団体へスポーツファーマシストを配置し，競技団体ごとにアンチ・ドーピング講習会の開催を推進しているため，和歌山県においては研修会を受講する機会も多いと考えられる（和歌山県, 2014）。つまり，両国のコーチともに，資格を取得する上でアンチ・ドーピングに関する情報を得る機会は設けられているが，日本においては，特に資格取得後のコーチに対して幾度も研修会や情報提供の機会がある。両国ともにコーチのアンチ・ドーピングに関する教育については必要であると考えられ，教育の機会が設けられているが，両国においてWEBなどのシステムを推奨するのか，物理的に研修会を受講することを推奨しているかによってアンチ・ドーピング教育の理解と情報の取得方法についての考え方に違いがあることが明らかとなった。

　ドーピングに対する考え方について社会的な側面，教育的な側面，倫理的な側面，医学的な側面からイギリスと日本のコーチとの間で比較を行った結果，質問7.1「ドーピングを認めるべきである」，質問7.6「ドーピングは柔道の競技力を向上させる」，質問7.9「サプリメントや医薬品にドーピング禁止物質が含まれている可能性があることを知っている」の3項目で有意差があった。

　世界規程の基本原理では，アンチ・ドーピング・プログラムの目標としてスポーツ固有の価値「倫理観，フェアプレー，名格と教育，規則・法を尊重する姿勢など」を保護することとし，さらに，ドーピングは，スポーツの精神に根本的に反するものであると述べている（World Anti-Doping Agency, 2015）。質問7.1，質問7.6の項目は，まさにドーピング行為を肯定する質問

であるが，両国のコーチでは，回答に明らかな差が認められた。本来は，同じ競技を指導するコーチとして同等の理解を示してもよいのではないかと考えられる。しかし，第6章の研究結果からは異なる見解が示された。第6章の研究対象は柔道競技に限定されているが，本来はスポーツ固有の価値を損なうためにドーピング行為は禁止されていることを世界共通で理解すべきであり，世界規程の目標である。アスリートにとって特にコーチの存在は強い影響力があることを考えれば，アンチ・ドーピング教育はコーチのレベルに関係なくすべてのコーチが世界規程の基本原理を理解する必要があると考える。一名のアスリートが国際大会へ出場するまでに，様々な立場のコーチと接し，そして国際大会で国を代表して競技を争うことを考えると，本来は両国間のコーチに同一の理解が得られなければ，アスリートへの教育も同等に行えているとはいえない。2015年世界規程では，アスリートに限らずサポートスタッフに関するルールも記載された。第6章の研究結果からも，アンチ・ドーピングはアスリートの為のルールではなく，アスリートと接するコーチにも重要なルールとして，日本に限らず柔道に関わるすべての国に情報を周知する必要があることが明らかとなった。また，柔道を指導する上では嘉納治五郎の理念も併せて競技普及につとめる必要があると考える。

　次に，サプリメントについて国際オリンピック委員会（IOC）は，国により食品として使用できる成分が異なり，食品と医薬品の成分表示の規則も異なるため，食品としても扱われるサプリメントは含まれる成分がすべて表示されているとは限らないので注意が必要と警告している（International Olympic Committee, 2010a, 2010b）。またイギリスのジュニアアスリートのサプリメント使用率は広範囲に及ぶとある（Petróczi et al., 2008; Nieper, 2005）。日本のコーチはサプリメントによりアンチ・ドーピング規則違反になる可能性を理解していることから，アスリートのサプリメントの使用については引き続き指導すべきであるが，イギリスにおいても同様の理解を求める。またコーチからアスリートに対して，サプリメントにドーピング禁止物質が含まれてい

る可能性についての認知度を高める必要があると考えられる。

6-5. 結論

　アンチ・ドーピングに関する調査研究では，コーチを対象とした国別の理解の比較はこれまで報告されていない。本研究では同一競技の日本とイギリスの柔道コーチにおけるアンチ・ドーピングに関する意識調査を実施した結果，両国においてアンチ・ドーピング機構の存在は理解されていたが，ドーピング行為に対する理解は正反対の結果となった。柔道競技は，アンチ・ドーピングのもとスポーツにおけるフェアプレーの精神と西洋発祥のスポーツとは文化的文脈は異なるが我が国の「順道制勝」につながるところがある。

　第6章の研究より競技を指導する立場であり，アスリートへの影響力が最も高いコーチが，国によってアンチ・ドーピングに対する理解に明らかな違いがあることが明らかとなった。したがって，今後柔道競技においては，どのレベルのコーチに対しても一律のアンチ・ドーピング教育を提供する必要があり，国内に限らず全世界で統一していかなければならないと考える。

第7章 総括討論

7-1. 本研究の目的

　本研究では，スポーツのインテグリティを思考する教育活動としてのアンチ・ドーピング教育を取り上げ，ユースアスリート，柔道競技国内大会経験者における意識の比較，柔道アスリート，柔道コーチを対象に日本とイギリスにおけるアンチ・ドーピングに関する意識調査を行い，柔道アスリート及び柔道サポートスタッフの行動や言動に良い影響を与えるための知見を提供することを目的とする。

7-2. 本研究で得られた成果

7-2-1. 研究課題1：第1回ユースオリンピック競技大会における日本代表アスリートの特性

　世界で初めて開催された第1回ユースオリンピック競技大会，2010年シンガポールにて行われた大会に参加した日本代表の57名のアスリートを対象に，男子群と女子群を比較しジュニア期におけるスポーツがアスリートに与える教育的な要因を明らかにすることを目的とし，以下の7項目を中心にアスリートの特性について調査を行った。「スポーツへの参入年齢や性質，アスリートの競技スポーツ参加の契機」，「競技へのモチベーションと競技参加から得られる満足感の要因」，「スポーツで得られるポジティブなアウトカム」，「ロールモデルの存在と影響力」，「ジュニアエリートレベル競技者が競技生

活を送ることで犠牲としている要素」,「アンチ・ドーピング教育プログラムを構成する重要な基本要素」,「YOG参加の意義」。その結果,競技参加から得られる満足感の要因においてアスリートが競技生活で「うれしい」と感じる質問「ライバルに勝ったとき」,「大会等を通して友達ができたり,コミュニケーションがとれたとき」という回答に対してのみ男子群と女子群において有意差が認められた。さらにスポーツを始めたきっかけにおいての要因としては,家族や友達などの影響が大きいことやスポーツで得られるポジティブなアウトカムにおいては,試合や練習などを通して自分の名格の向上や姿勢など精神的な成長を求める傾向が高い。またロールモデルの存在は,自分自身を確立する際に若いアスリートのために重要な役割を果たしており,アスリートは日ごろから接している,コーチの影響も大きく受けている傾向がみられた。さらに,アンチ・ドーピング教育プログラムを構成する重要な基本要素として「倫理と健康に関すること」が高い傾向が見られた。

アスリートがスポーツから得られる満足に関しては,男女で有意差があり,特に男子群は直接の勝敗の結果を意識する傾向があるが,女子群においては勝敗の結果から周りの人が喜んでくれることや褒められることに意識が向いていることが明らかになった。アスリートがスポーツから得られる満足に関して,ジュニア期のアスリートがスポーツに対して抱く気持ちは男女で異なっているが,アスリートがスポーツから得られる満足に関して,関係する要因は家族でありコーチであることが考えられ,特にコーチはアスリートに直接指導する立場から,アスリートの満足度を向上させることに対してポジティブな存在であると考えられた。

このようにYOG大会に参加した日本代表アスリートの特性を理解することは,日本のユース世代の特性と捉えることができ,ユース世代における適切なアンチ・ドーピング教育を実施するタイミングになると考えられた。

7-2-2. 研究課題2：日本とイギリスの柔道競技国内大会経験者におけるアンチ・ドーピングに関する意識調査

　研究課題1の結果からユース世代は，アンチ・ドーピング教育を実施する適切なタイミングになると考えられたことから，研究課題2においては，身近なスポーツ経験の中でのアンチ・ドーピングに関する意識や認識の違いに関して明らかにするためにスポーツを柔道競技に絞り調査を行った。柔道競技国内大会経験者としてアンチ・ドーピング教育に触れることで，スポーツの本質を考えスポーツの経験を通して"競技場面での公平・公正性"のフェアプレーを学び，さらに豊かな教養・知識に基づく高い倫理観としての"スポーツの本来持っている価値"のインテグリティを理解し学ぶことが出来ると考えた。そこで，日本とイギリスにおける国別の意識の比較として，アンチ・ドーピングに関する意識や認識の違いに関して明らかにするために，全日本柔道連盟に登録している285名と，イギリス柔道連盟に登録している250名の柔道競技国内大会経験者を対象に意識調査を実施した。その結果，両国においてアンチ・ドーピング機構の存在は理解されていたが，ドーピング禁止の是非，フェアプレー精神，スポーツの高潔性，社会への悪影響，スポーツの価値や意義，といった社会的な側面と倫理的な側面に関しての教育に対する理解は異なった結果であり，日本においては肯定や否定のどちらでもない中間レベルの回答が多い傾向があった。肯定や否定のどちらでもない中間レベルの回答に関しては，教育効果を行動や言動に良い影響を与える段階までに引き上げる必要があると考えた。

7-2-3. 研究課題3：日本とイギリスの柔道アスリートにおけるアンチ・ドーピングに関する意識調査

　研究課題1の結果からユース世代は，アンチ・ドーピング教育を実施する適切なタイミングになると考えた。研究課題2においては，スポーツを柔道

競技に絞り，日本とイギリスの柔道競技国内大会経験者を対象に身近なスポーツ経験の中でのアンチ・ドーピングに関する意識や認識は，社会的な側面と倫理的な側面に関しての教育に対する理解は異なった結果であった。日本においては肯定や否定のどちらでもない中間レベルの回答が多い傾向があり，肯定や否定のどちらでもない中間レベルの回答に関しては，教育効果を行動や言動に良い影響を与える段階までに引き上げる必要があると考えた。さらに研究課題3においては，競技力向上を強く望んで活動しているアスリートとして，イギリス及び日本において柔道クラブや大学等で練習をしている柔道アスリートを対象に，アンチ・ドーピング教育に関する認識や理解度を二か国で比較し実態を明らかにすることを目的として調査した。その結果，両国においてアンチ・ドーピング機構の存在は理解されていたが，アンチ・ドーピングの教育的な側面に対する理解は異なった結果となった。有意差があった項目に関しては，ドーピング行為とアンチ・ドーピング教育を通してのスポーツの価値に対する項目であり，両国のアスリートでは回答に明らかな差が認められた。イギリスのアスリートは，ドーピング行為に関しては意見が分かれたが，ドーピングが柔道の価値を下げることに関しては理解している。一方，日本ではドーピング行為は反対であるとしているが，ドーピングが柔道の価値を下げることに関しては，十分理解されていなかった。アンチ・ドーピング教育の根本であるスポーツの価値においての教育的側面の共通理解を，様々なレベルのアスリートにおいて共通の認識とすべきである。

　日本から発祥し嘉納治五郎が創設した柔道を学び，日本の文化を多く含んでいる同じスポーツを行っているアスリートではあるが文化背景が異なることから，スポーツにおけるフェアに戦うことの競技場面と，スポーツが本来持っている価値や精神の理解とが別の側面として捉えていることが明らかとなり，したがって両国のアスリートにおいてアンチ・ドーピングの教育的な側面とスポーツの価値教育が結びつくような教育が必要と考えられる。

7-2-4. 研究課題4：日本とイギリスの柔道コーチにおける
　　　　　アンチ・ドーピングに関する意識調査

　研究課題1において日本のユース世代のアスリートは，試合や練習などを通して，コーチの影響も大きく受けていることが明らかになった。研究課題2においては，スポーツを柔道競技に絞り，日本とイギリスの柔道競技国内大会経験者を対象に身近なスポーツ経験の中でのアンチ・ドーピングに関する，社会的な側面と倫理的な側面に関しての意識や認識においては，肯定や否定のどちらでもない中間レベルの回答が多い傾向があり，肯定や否定のどちらでもない中間レベルの回答に関しては，教育効果を行動や言動に良い影響を与える段階までにする必要があると考えた。また研究課題3においては，日本とイギリスの柔道アスリートにおいては，アンチ・ドーピングの教育的な側面とスポーツの価値教育が結びつくような教育が必要と考えられた。したがって研究課題4においては，アスリートへの影響力が最も高いコーチを対象に，日本とイギリスの柔道コーチにおけるアンチ・ドーピングに関する意識調査を実施した。その結果，アスリートと同様に，両国においてアンチ・ドーピング機構の存在は理解されていたが，ドーピング行為に対する理解は正反対の結果であることが明らかになった。コーチにおいてもアスリートと同様の結果となった項目は，ドーピング行為に関しての項目であった。さらにアンチ・ドーピング研修についても，両国においてWEBなどのシステムを推奨するのか，物理的に研修会を受講することを推奨しているかによってアンチ・ドーピング教育の理解と情報の取得方法についての考え方に違いがあることが明らかとなった。

　研究課題3，4からイギリスと日本の柔道アスリートとコーチにおける質問7の回答の分布を示した（Table 7-1）。質問7.1「ドーピングを認めるべきである」，質問7.5「ドーピングは柔道の価値をそこなう」の2項目については，イギリスと日本における国による違いが認められた。また質問7.3

「ドーピングは反社会的行為である」，質問7.5「ドーピングは柔道の価値をそこなう」の2項目については，国による違いではなく，アスリートとコーチの間における違いが認められた。これら4項目はアンチ・ドーピング教育とスポーツの価値教育の項目であり，今後柔道競技においては，どのレベルのコーチに対しても一律のアンチ・ドーピング教育を提供する必要があり，

Table 7-1.

Q7.1 ドーピングを認めるべきである

対象群	UK_ALL	UK_Y	UK_N	JPN_ALL	JPN_Y	JPN_N
第5章 アスリート	肯否①	肯否②	肯否	否①	否②	否
第6章 コーチ	肯否①	肯否②	肯否	否①	否②	—

Q7.3 ドーピングは反社会的行為である

対象群	UK_ALL	UK_Y	UK_N	JPN_ALL	JPN_Y	JPN_N
第5章 アスリート	分散	分散	肯定の傾向	分散	分散	分散
第6章 コーチ	肯	肯	肯	肯	肯	—

Q7.5 ドーピングは柔道の価値をそこなう

対象群	UK_ALL	UK_Y	UK_N	JPN_ALL	JPN_Y	JPN_N
第5章 アスリート	肯①	肯	肯③	分散①	分散	分散③
第6章 コーチ	肯	肯	肯	肯	肯	—

Q7.7 スポーツをすることの意義は勝利である

対象群	UK_ALL	UK_Y	UK_N	JPN_ALL	JPN_Y	JPN_N
第5章 アスリート	分散	分散④	否定の傾向③,④	分散	分散	分散③
第6章 コーチ	否	否	否	否	否	—

肯：肯定に分布している場合
否：否定に分布している場合
分散：肯定から否定までに分散している場合
肯定の傾向：肯定の傾向に分布している場合
否定の傾向：否定の傾向に分布している場合
肯：肯定と否定の二極に分かれている場合
否：肯定と否定の二極に分かれている場合

①，②，③，④は各設問内で群間に有意差を認めたもの

① UK_ALL and JPN_ALL
② UK_Y and JPN_Y
③ UK_N and JPN_N
④ UK_Y and UK_N

国内に限らず全世界で統一していかなければならないと考える。

7-3. 本研究で得られた成果の意義および今後の課題

　研究課題1では，世界で初めて開催されたYOGに参加した日本代表チームのアスリートの特性を明らかにし，ジュニア期におけるスポーツがアスリートに与える教育的な要因を明らかにすることを目的とした。様々な視点から7項目を中心にアスリートの特性について調査を行った。「スポーツへの参入年齢や性質，アスリートの競技スポーツ参加の契機」，「競技へのモチベーションと競技参加から得られる満足感の要因」，「スポーツで得られるポジティブなアウトカム」，「ロールモデルの存在と影響力」，「ジュニアエリートレベル競技者が競技生活を送ることで犠牲としている要素」，「アンチ・ドーピング教育プログラムを構成する重要な基本要素」，「YOG参加の意義」。その結果，男子群と女子群の間に理解の差が認められたのは，競技参加から得られる満足感の要因のみであった。男子群と女子群においてはスポーツに対して抱く気持ちは異なっているが，アスリートがスポーツから得られる満足に関して影響力のある人は家族でありコーチであることが確認された。アスリートにとって競技を続けていくモチベーションは，大会や試合を経験することがポジティブな変化や影響があると述べている。さらにアスリートがそのスポーツを継続するためのモチベーションと満足度は，家族やコーチから大きな影響を受けていることが明らかとなった。YOGに参加した日本代表チームのアスリートの特性を明らかにすることは，ジュニア期におけるアスリートの特性を捉えることにつながる。したがってジュニア期におけるアンチ・ドーピング教育を行う際には，アスリートに大きな影響を与えるコーチからの教育が効果的であり，アンチ・ドーピングの基本原理であるスポーツ固有の価値である「プレイ・トゥルー」の精神を実現することは，アスリートとコーチの関連性があることが重要である。

研究課題2においては，スポーツを柔道競技に絞り，柔道競技国内大会経験者における日本とイギリスを対象に行った。その結果ドーピング禁止の是非，フェアプレー精神，スポーツの高潔性，社会への悪影響，スポーツの価値や意義，といった社会的な側面と倫理的な側面に関して異なる見解が示された。有意差が認められた要因の一つとして，日本においては肯定や否定のどちらでもない中間レベルの回答が多い傾向であった。一方イギリスにおいては肯定や否定のどちらかの傾向レベルの回答が多く，中間レベルにおける回答は多くない。したがって，中間レベルにおける回答は肯定や否定のどちらにも傾く可能性があるため，教育効果を行動や言動に良い影響を与える段階までに引き上げる必要がある。

　新たな課題としては，中間レベルにおける回答者の問題点を明確にし，教育効果を行動や言動に良い影響を与える段階に引き上げる観点を，明確に研究する必要がある。

　研究課題3では，同じ競技で文化背景が異なるイギリスと日本の柔道アスリートを対象に，アンチ・ドーピング教育に関する認識や理解度を二か国で比較し実態を明らかにすることを目的として調査を行った。その結果，スポーツにおけるフェアに戦うことの競技場面と，スポーツが本来持っている価値や精神の理解が別の側面として捉えていることが明らかになった。しかし柔道は，日本から発祥し世界へと広まり，嘉納の柔道を通しての教育意義についても一つの柔道競技の要素として存在している。したがって柔道の教育的側面とアンチ・ドーピング教育のスポーツの価値が結びつくような教育をすることが柔道アスリートに効果的であると考える。

　新たな課題としては，異なる国による文化背景がどのように影響しているのかを研究する必要があり，アスリートにおける様々なレベルのアンチ・ドーピング教育の研修内容や，イギリスと日本の柔道アスリートだけではなく他の国による研究を行うことでより明確な問題点が指摘できると考える。

　研究課題4では，研究課題1で明らかになったアスリートにとって大きな

影響力があるコーチを対象に，同一競技におけるコーチのアンチ・ドーピングに関する認識や理解度を明らかにすることを目的とし，アンチ・ドーピングに関する意識調査を実施した．その結果，UK_ALL群とJPN_ALL群との間では，アスリートと同じ有意差がみられた項目は，質問7.1「ドーピングを認めるべきである」であった．

研究課題3，4からイギリスと日本の柔道アスリートとコーチにおいては，質問7.1「ドーピングを認めるべきである」，質問7.5「ドーピングは柔道の価値をそこなう」の2項目については，イギリスと日本における国による違いが認められた．また質問7.3「ドーピングは反社会的行為である」，質問7.5「ドーピングは柔道の価値をそこなう」の2項目については，国による違いではなく，アスリートとコーチの間における違いが認められた．これら4項目はアンチ・ドーピング教育とスポーツの価値教育の項目であり，柔道経験年数を増すことでコーチはアスリートよりも柔道の価値やスポーツをすることの意義をアスリートより深く理解していることが考えられた．したがってコーチが本来持っているスポーツの価値をより深く理解することは，将来のトップアスリートを育てるコーチの重要な部分であり，アスリートにとってもポジティブな影響を与えられることが出来る存在であることから，全世界で統一していかなければならないと考える．

本研究では，対象としたスポーツを柔道競技に絞り調査を行った．日本古来の武道として世界に発展した柔道であるが，異なる文化での教育における影響までは明らかにできなかった．そのため，今後の課題として異なる文化での教育における影響について研究することが必要と考える．しかし，今回取り上げたスポーツは柔道競技であり日本古来の武道として世界に発展したことを考えれば，柔道を源泉に柔道の精神修養や倫理教育のアンチ・ドーピング教育を形成できると考える．

したがって，本研究から明確となったスポーツのインテグリティを思考する教育活動としてのアンチ・ドーピング教育の問題点は，身近なスポーツ経

験の中で捉え，柔道アスリート及び柔道サポートスタッフの行動や言動に，良い影響を与えるための新たなアンチ・ドーピング教育に貢献できる知見と考えられる。

第8章　結語

　本研究の目的は，これまで様々な形式で研究されてきたインテグリティを思考する教育活動としてのアンチ・ドーピング教育について，ユースアスリート，柔道競技国内大会経験者，柔道アスリート，柔道コーチを対象にアンチ・ドーピングに関する意識調査を行った。そして，国内外の各対象におけるアンチ・ドーピング教育の現状について調査し，問題点を明らかにすることで，柔道アスリート及び柔道サポートスタッフの行動や言動に良い影響を与えるための知見を提供することを目的とした。

（1）YOGに参加した日本代表チームのアスリートの特性としては，男子群と女子群においてはスポーツに対して抱く気持ちは異なっているが，アスリートがスポーツから得られる満足に関して影響力のある人はコーチであることが確認された。このことから，アスリートにアンチ・ドーピング教育を行ううえでコーチによる直接的な指導が大きな影響を与えることが明らかとなり，アスリートとコーチの関係におけるアンチ・ドーピング教育が効果を増大させると考える。

（2）スポーツを柔道競技に絞り，柔道競技国内大会経験者における日本とイギリスを対象に行ったところ，アンチ・ドーピング教育に関する認識や理解度は肯定や否定のどちらでもない中間レベルの回答が多い傾向が明らかとなった。このことから，柔道競技国内大会経験者における教育効果の行動や言動に良い影響を与える段階までに引き上げる為には，身近なスポーツ経験としての柔道精神修養や教育的思考を取り入れた内容で情報を提供することが必要である。

（3）イギリス及び日本において柔道クラブや大学等で練習をしている柔道アスリートを対象にアンケート調査を行ったところ，アンチ・ドーピング教育に関する認識や理解度はスポーツにおけるフェアに戦うことの競技場面と，スポーツが本来持っている価値や精神の理解が別の側面として捉えられていることが明らかとなった。このことから，アンチ・ドーピングと柔道の価値に関連がある内容で情報を提供する必要がある。

（4）アスリートに影響力があるコーチを対象に，イギリスと日本の比較からアスリートと同様に，両国においてアンチ・ドーピング機構の存在は理解されていたが，ドーピング行為に対する理解は分かれた結果であった。しかし柔道経験年数を増すことでコーチはアスリートよりも，柔道の価値やスポーツをすることの意義をアスリートより深く理解していることが明らかとなった。

　このことから，柔道の倫理観や価値観にもとづきアンチ・ドーピング情報や教育を提供することが重要である。

　以上の成果は，インテグリティを思考する教育活動としてのアンチ・ドーピング教育について，柔道アスリート及び柔道サポートスタッフにおいてのアンチ・ドーピング教育における問題点や教育に関する新しい知見である。さらに，今後の競技別に関連した内容でインテグリティを思考する教育活動としてのアンチ・ドーピング教育の必要性について提唱し，柔道アスリート及び柔道サポートスタッフの行動や言動に良い影響を与えるための見解として意義のあるものと考える。

引 用 文 献

Akama, T., & Abe, A. (2013). Development and activities of the fight against doping. *J Phys Fitness Sports Med, 2*(3), 267–274.

Anderson, K. J., & Cavallaro, D. (2002). Parents or Pop Culture? Children's Heroes and Role Models. *Childhood Education, Spring, 78*(3), 161.

Anti-Doping Guide Book 2007. (2007). 財団法人日本アンチ・ドーピング機構, 4-5.

Bloodworth, A., & McNamee, M. (2010). Clean Olympians? Doping and anti-doping: the views of talented young British athletes. *International Journal of Drug Policy, 21*(4), 276–282. https://doi.org/10.1016/j.drugpo.2009.11.009

Canadian Sport Centres. (2010). Long-Term Athlete Development resource paper v2. Canadian Sport Centres.

International Judo Federation. (2015). International Judo Federation. http://www.intjudo.eu/ [Accessed 4 August 2015]

International Olympic Committee. (2010a). IOC Consensus Statement on Sports Nutrition 2010. International Olympic Committee.

International Olympic Committee. (2010b). "Nutrition for Athletesathletes" Athletes'medical information. International Olympic Committee.

International Olympic Committee. (2011). OLYMPIC CHARTER. International Olympic Committee.

International Olympic Committee. (2012). Ethics 2012. International Olympic Committee, 67–69.

International Olympic Committee. (2013). OLYMPIC CHARTER. International Olympic Committee.

International Olympic Committee. (2018). OLYMPIC CHARTER. International Olympic Committee.

Japan Anti-Doping Agency. (2010). Research Paper of Anti-Doping Education. Japan Anti-Doping Agency.

Japan Anti-Doping Agency. (2014). For the future of our sport—sport integrity. Japan Anti-Doping Agency.

Japan Anti-Doping Agency. (2015a). Anti-Doping Education. http://www.

playtruejapan.org/code/school/ [Accessed 1 August 2015]

Japan Anti-Doping Agency. (2015b). Sports Pharmacist Share Goal, Shared Mission. Japan Anti-Doping Agency. http://playtruejapan.org/sportspharmacist/about/index.html [Accessed 1 August 2015]

Kim, J., Lee, N., Kim, E. J., Ki, S. K., Yoon, J., & Lee, M. S. (2011). Anti-doping education and dietary supplementation practice in Korean elite university athletes. *Nutrition Research and Practice (Nutr Res Pract)*, *5(4)*, 349–356. https://doi.org/10.4162/nrp.2011.5.4.349

Kirby, K., Moran, A., & Guerin, S. (2011). A qualitative analysis of the experiences of elite athletes who have admitted to doping for performance enhancement. *International Journal of Sport Policy and Politics*, *3(2)*, 205–224.

Kodokan. (2000). New Japanese English Dictionary of Judo. Kodokan.

Kondo, Y., & Hasegawa, E. (2005). 筑波大学体育専門学群生のドーピング意識調査結果（2004年度）. *Bull. Inst. Health & Sport Sci., Univ. of Tsukuba 28*, 191-198.

Kondo, Y., & Hasegawa, E. (2007). Report on the actual circumstances of student's anti-doping views in Undergraduate School of Health and physical Education, University of Tsukuba. *Bull. Inst. Health & Sport Sci., Univ. of Tsukuba 30*, 179-184.

Kondo, Y., & Hasegawa, E. (2008). Report on the present state of student's anti-doping views in Undergraduate School of Health and Physical Education, University of Tsukuba (2008). *Bull. Inst. Health & Sport Sci., Univ. of Tsukuba 32*, 201-207.

Nieper, A. (2005). Nutrition supplement practices in UK junior national track and field athletes. *Br J Sports Med*, *39*, 645-649.

Petróczi, A., Naughton, D. P., Pearce, G., Bailey, R., Bloodworth, A., & McNamee, M. (2008). Nutritional supplement use by elite young UK athletes: fallacies of advice regarding efficacy. *J Int Soc Sports Nutr*, *5*, 22.

Sato, A., Kamei, A., Kamihigashi, E., Dohi, M., Komatsu, Y., Akama, T., & Kawahara, T. (2012). Use of Supplements by Young Elite Japanese Athletes Participating in the 2010 Youth Olympic Games in Singapore. *Clin J Sport Med*, *22*, 418-423.

Summer Youth Olympic Games Singapore 2010. (2010). Singapore 2010 YOG. http://www.olympic.org/singapore-2010-youth-olympics [Accessed 2 August 2015]

引 用 文 献　109

UK Anti-Doping and Sports Coach UK. (2015). Guidance Document: Coach Clean. UK Anti-Doping and Sports Coach UK. http://www.ukad.org.uk/coaches/ [Accessed 4 August 2015]

UNESCO and WADA. (2006). http://www.unesco.org/new/en/social-and-human-sciences/themes/anti-doping/unesco-and-wada/ [Accessed 5 August 2015]

Watanabe, S., Ebine, K., Tsuyuki, K., Ohe, Y., Ohzeki, Y., & Anai, Y. (2010). Survey concerning "Anti-Doping" for junior-high-school Judo-players. *Japanese Journal of Clinical Sports Medicine*, *18*(*1*), 20–26.

World Anti-Doping Agency. (2009). WORLD ANTI-DOPING CODE 2009. World Anti-Doping Agency.

World Anti-Doping Agency. (2015). WORLD ANTI-DOPING CODE 2015. World Anti-Doping Agency.

World Anti-Doping Agency. (2021). WORLD ANTI-DOPING CODE 2021. World Anti-Doping Agency.

大滝忠夫. (1984). 論説柔道. 不昧堂出版.

講道館. (2001). 決定版 講道館柔道. 講談社.

講道館. (2005). 嘉納治五郎体系 第3巻. 本の友社.

全国体育系大学学長・学部長会（編著）. (1997). スポーツとアンチ・ドーピング. ブックハウス・エイチディ.

直井愛里. (2010). スポーツと多文化心理学. 近畿大学臨床心理センター紀要, 第3巻, 129–130.

西田保. (2013). スポーツモチベーション. 大修館書店.

日本アンチ・ドーピング機構. (2007). JADA Anti-Doping Guide Book 2007. 日本アンチ・ドーピング機構, 4–5.

日本アンチ・ドーピング機構. (2010). アンチ・ドーピング教育の実施に関する調査研究報告書. 日本アンチ・ドーピング機構.

日本アンチ・ドーピング機構. (2021). JAPAN ANTI-DOPING CODE 2021.

日本オリンピックアカデミー. (2008). ポケット版オリンピック事典. 株式会社 楽.

日本オリンピック委員会. (2010). 第1回ユースオリンピック競技大会（2010／シンガポール）関係資料集／事前調査報告書. 日本オリンピック委員会.

日本オリンピック委員会. (2015). トップアスリート育成のための追跡調査報告書（第二報）. 日本オリンピック委員会.

日本スポーツ協会.(2015).アンチ・ドーピング　日本スポーツ協会（JSPO）の取り組み.http://www.japan-sports.or.jp/medicine/doping/tabid/538/Default.aspx ［Accessed 1 August 2015］

長谷川純三.(1981).嘉納治五郎の教育と思想.明治書院, 75-97.

村田直樹.(2001).嘉納治五郎師範に学ぶ.ベースボール・マガジン社, 208-220.

文部科学省.(2011).スポーツ基本法.Retrieved from http://www.mext.go.jp/a_menu/sports/kihonhou/attach/1307658.htm ［Accessed 28 January 2019］

文部科学省.(2012).スポーツ基本計画.

読売新聞.(2010).IOC ジャック・ロゲ会長寄稿.読売新聞2010年6月23日.

和歌山県.(2014).和歌山県は、国体開催を契機にアンチ・ドーピング活動を推進します！.http://www.pref.wakayama.lg.jp/chiji/press/260701/260701_1.pdf ［Accessed 7 July 2015］

初 出 一 覧

Tanabe, Y., Asakawa, S., Arakida, Y., Kono, I., Akama, T. (2015). Characteristics of the Japanese national team of the first Youth Olympic Games. *Journal of sports medicine & Doping Studies*, *5*(*2*), 156.

【第3章に対応】

田邉陽子. (2016). アンチ・ドーピング教育とスポーツの価値についての研究. 早稲田大学学位論文.

【第3章・第5章・第6章に対応】

あとがき

　本刊行物は，早稲田大学に提出した博士論文をもとに加筆・修正を加えたものであり，出版にあたっては日本大学法学部叢書（第50巻）の助成を受けた。

　本書を構成する研究の中で最初に着手したのは，第3章の世界で初めて開催された第1回ユースオリンピック大会に参加した日本代表チームのアスリートの特性から，ジュニア期におけるスポーツがアスリートに与える教育的な要因を検討した。そこから，アスリートに教育を行ううえでコーチによる直接的な指導が大きな影響を与えること，そしてコーチの存在は，アスリートにとって影響力のある人であった。スポーツのインテグリティ教育のテーマとして，アンチ・ドーピングについて柔道競技が従前から実践している精神修養や倫理教育の影響を受けている競技経験者への関心が高まり，一連の研究を推進した。そして，実践現場における，スポーツのインテグリティ教育のテーマとして，アンチ・ドーピング教育の研究成果がこのような形でまとめられたことを嬉しく思ってる。これからも精進していきたい。

　この場をお借りして，博士論文をご指導頂き，長い期間粘り強くご指導をして下さった先生方に深く感謝申し上げる。特に丁寧なご指導ご助言を賜りました早稲田大学スポーツ科学学術院・赤間高雄教授に厚く感謝と御礼を申し上げる。

　また，イギリス滞在期間中における研究に関して細かい部分までご指導を賜りましたラフバラ大学名誉教授イアン・ヘンリー氏に深く御礼申し上げる。本研究のイギリスでのアンケート調査に関して多大なるご尽力ご指導を頂きましたイギリス柔道協会のコリン・マクバイヤ氏，ジョイス・ヘレン氏に深く御礼申し上げる。

　本書の刊行に際しては，風間書房の風間敬子社長に大変お世話になった。

そして，ここに感謝の気持ちを書き切ることのできなかった先生方や先輩，同期，後輩や友人，最後に，いつも温かく見守り支えてくださった家族に心より深く感謝申し上げる。

2024年8月8日

田　邉　陽　子

【著者略歴】

田邉　陽子（たなべ　ようこ）

東京都生まれ。ソウル大会（1988年公開競技）で銅，バルセロナ（1992年）で銀，アトランタ（1996年）で銀，とオリンピック女子柔道競技で3つのメダルを獲得した。

　柔道との出会いは高校3年の時，以後，並外れた体力とセンスの良さでぐんぐんと実力をつけ，日本女子柔道界の「女王」として君臨。「実力世界一」と期待されたバルセロナオリンピックでは，惜しくも銀メダルを獲得した。その後はいったん引退する。しかしコーチをめざして筑波大学大学院コーチ学専攻へ進み，視野を広げ，じっくり考える時間をもてたことが転機となって再びアトランタオリンピックをめざし，銀メダルを獲得した。

　選手引退後は，スポーツにおけるインテグリティ教育の研究のきっかけとなる世界アンチ・ドーピング機構のアスリート委員として活動し，スポーツにおける教育の重要性を学ぶ機会を得た。その後，早稲田大学大学院博士後期課程スポーツ科学専攻にて，競技力向上とアンチ・ドーピング教育に関して，アスリート・コーチとしての経験やスポーツの社会的活動を通じ，インテグリティを思考する教育活動としてのアンチ・ドーピング教育の研究を推進。

　現在は，日本アンチ・ドーピング機構理事，日本アンチ・ドーピング機構アスリート委員長として活躍。日本大学法学部教授として教鞭をとる。

日本大学法学部叢書　第50巻

スポーツにおけるインテグリティ教育の研究
―競技力向上とアンチ・ドーピング教育に関する日英の比較を中心に―

2024年9月10日　初版第1刷発行

著　者　　田　邉　陽　子

発行者　　風　間　敬　子

発行所　　株式会社　風　間　書　房

〒101-0051　東京都千代田区神田神保町1-34
電話 03(3291)5729　FAX 03(3291)5757
振替 00110-5-1853

印刷　平河工業社　　製本　井上製本所

©2024　Yoko Tanabe　　　　　　　　　　NDC分類：780
ISBN978-4-7599-2515-9　Printed in Japan
JCOPY〈出版者著作権管理機構　委託出版物〉
本書の無断複製は，著作権法上での例外を除き禁じられています。複製される場合は，そのつど事前に出版者著作権管理機構（電話 03-5244-5088、FAX 03-5244-5089、e-mail: info@jcopy.or.jp）の許諾を得て下さい。